Roswitha Lindner

DaF-Begleiter B1
SCHREIBSCHULE

Charilaou Trikoupi 146 - 14671 Athen - Nea Erythraia
Griechenland

E-mail: info@lindnerverlag.eu

www.lindnerverlag.eu

1. Auflage

Umschlaggestaltung, Layout und Gestaltung: Georgia Theodorou

Printed in Greece

ISBN: 978-960-9614-17-7

EIN KURZES VORWORT

Schreiben kann man lernen!

Im vorliegenden Lehrwerk, das sich sowohl an jugendliche als auch an erwachsene Lerner wendet, wird der für den schriftlichen Ausdruck relevante Wortschatz in 10 Themenbereichen erarbeitet, Schreibübungen unterstützen die praktische Anwendung des Gelernten und zahlreiche Tipps geben zusätzliche Hinweise darauf, wie ein Text stilistisch verbessert werden kann, damit das Zielniveau B1 erreicht wird.
Am Ende eines jeden Themenbereichs kann der Lerner das erworbene Wissen in prüfungsähnlichen Aufgaben umsetzen, die von detaillierten Anleitungen und vorbereitenden Übungen zu den verschiedenen Textsorten der Prüfungsformate begleitet werden. Die Reihenfolge der Themenbereiche ist darüber hinaus so angeordnet, dass das Lehrwerk bereits im letzten Drittel eines A2-Kurses eingesetzt werden kann.

Viel Spaß und viel Erfolg

Roswitha Lindner

HINWEISE ZU DIESEM BUCH

Wortschatzarbeit

Hier wird prüfungsrelevanter Wortschatz erarbeitet.

Tipp

Hier geht es vor allem um stilistische Tipps, welche die Komplexität und Kohärenz des schriftlichen Ausdrucks betreffen.

Schreiben

Hier wird der erarbeitete Wortschatz in Übungen eingebettet, welche typische Anforderungen des Prüfungsteils Schreiben betreffen, also etwas beschreiben, begründen und vorschlagen.

Texte schreiben

Hier finden Sie konkrete Anleitungen, wie die Texte je nach Textsorte zu verfassen sind, sowie wichtige Hinweise, die unbedingt beachtet werden sollten. Sämtliche Aufgaben entsprechen dem Prüfunsgformat Goethe / ÖSD B1 bzw. Telc B1.

Wo Sie dieses Zeichen sehen, geht es um etwas, was Sie bei der Prüfung unbedingt beachten müssen.

Inhalt

3

4

10

1

DaF-Begleiter B1

SCHREIBSCHULE

WOHNEN

Wortschatzarbeit: Wo wir wohnen

Übung 1 Finden Sie die Gegensätze.

bauen | bei den Eltern (wohnen) / zusammen mit jemandem (wohnen) | mieten | suchen | unterschreiben | ~~verkaufen~~

Beispiel:
kaufen - verkaufen

1) vermieten - ....

2) finden - ....

3) einen Mietvertrag kündigen - den neuen Mietvertrag ....

4) alleine wohnen - ....wohnen

5) ein Haus kaufen – ein Haus ....

Übung 2 Ordnen Sie die Substantive den Definitionen zu.

das Apartment | die Eigentumswohnung | das Einfamilienhaus | der Makler / die Maklerin | die Mietwohnung | das Mehrfamilienhaus | ~~das Studentenwohnheim~~ | die Wohnungsanzeige

Beispiel:
hier wohnen nur Studenten: das Studentenwohnheim

1) diese Wohnung gehört mir: ....

2) in diesem Gebäude wohnen viele Menschen in verschiedenen Wohnungen: ....

3) diese Wohnung hat nur ein Zimmer: ....

4) in diesem Haus wohnt nur eine Familie: ....

5) für diese Wohnung zahlt man Miete: ....

6) in diesem Text steht, ob jemand eine Wohnung oder ein Haus vermietet oder verkauft: ....

7) er oder sie beschäftigt sich beruflich damit, für andere Menschen eine Wohnung zu finden: ....

Übung 3 Hier ist alles falsch!
Finden Sie das passende Adjektiv und schreiben Sie die Sätze neu.

~~alt~~ | altmodisch | billig | groß | hoch | klein | modern | neu | niedrig | teuer | viel | wenig

Beispiel:
Wir wohnen in einem Altbau, das heißt in einem ~~modernen~~ Gebäude.
Wir wohnen in einem Altbau, das heißt in einem alten Gebäude.

1) Die Möbel meiner Großeltern sind etwas *neu*. Sie haben sie gekauft, als sie geheiratet haben.

....

2) In den hübschen Häusern am Stadtrand hat noch niemand gewohnt. Sie sind ganz *teuer*.

....

3) Vor einem Jahr wurde das schöne *billige* Mehrfamilienhaus im Zentrum gebaut. Dort kann man viele *altmodische* Wohnungen für Familien und *große* Apartments für Singles mieten.

....

....

4) Die Mieten sind dort aber sehr *niedrig*. Es gibt nicht *wenige* Leute, die genug Geld verdienen, um dort zu wohnen.

....

5) Es ist allgemein sehr *alt*, im Stadtzentrum zu wohnen.

....

6) Damit die Miete *höher* ist, wohnen viele Familien gerne am Stadtrand.

....

7) Die Wohnung, die wir gemietet haben, musste renoviert werden. Nur *viele* Interessenten wollten sie mieten.

....

8) Außerdem zahlen wir nicht viel für diese Wohnung. Die Wohnung ist sehr *klein*.

....

Schreiben

Übung 4 Beschreiben Sie die folgenden Situationen.

Beispiel:

Sie wollen aus Ihrer Wohnung ausziehen. Nennen Sie den Grund dafür.

Unsere Wohnung ist für unsere Familie zu klein geworden.

Deshalb wollen wir möglichst bald ausziehen.

Tipp

Gründe nennen mit:
denn, weil
darum, deshalb,
deswegen

1) Sie haben ein Haus oder eine Wohnung gekauft. Nennen Sie den Grund dafür.

....

....

2) Sie haben eine neue Wohnung gemietet. Nennen Sie den Grund dafür.

....

....

3) Sie haben zusammen mit Freunden eine Wohnung gemietet. Nennen Sie den Grund dafür.

....

....

WOHNEN

Wortschatzarbeit: Der Umzug

Übung 5

A Ordnen Sie die Verben und Substantive den Bildern zu.

Haus + Möbelwagen =

....

....

Haus + Möbelwagen + Haus =

....

....

Möbelwagen + Haus = ...

....

ausziehen aus (+Dativ),
der Auszug aus (+Dativ)
einziehen in (+Akkusativ)
der Einzug in (+Akkusativ)
umziehen
der Umzug von ... nach / zu + (Dativ)

B Welche Definition passt?

1) die Dinge kommen in die Umzugskartons: ....

2) man nimmt die Dinge aus den Umzugskartons heraus: ....

Übung 6 Ordnen Sie die Substantive den Definitionen zu.

Beispiel:
damit bringt man alle Sachen zum neuen Haus oder zur neuen Wohnung: der Möbelwagen

der Karton | die Möbel | der Nachbar / die Nachbarin | ~~der Möbelwagen~~

1) in dieses Ding packt man alle Sachen ein, die man mitnehmen möchte: ....

2) diese Leute werden in Zukunft neben, über oder unter uns wohnen: ....

3) sie sind aus Holz oder aus einem anderen Material und man stellt sie in die verschiedenen Zimmer der neuen Wohnung oder des neuen Hauses: ....

Schreiben

Übung 7 Unser Umzug

Wie kann man die folgende Beschreibung verbessern?

Wir sind gestern in unser neues Haus umgezogen. Wir haben die ganze Woche unsere Sachen in die Umzugskartons gepackt. Der Möbelwagen ist am Morgen gekommen. Wir haben unsere Umzugskartons und die Möbel verladen. Die Nachbarn und die Fahrer des Möbelwagens haben uns dabei geholfen. Der Umzug hat gut geklappt. Wir sind froh, dass wir jetzt in unserem neuen Haus wohnen.

Tipp

MONOTONIE VERMEIDEN

1) Beginnen Sie nicht immer mit dem Subjekt.
2) Benutzen Sie Personalpronomen.
3) Verbinden Sie Sätze, z. B. mit „und".
4) Vermeiden Sie Wortwiederholungen.

Schreiben Sie den Text neu.

....

....

....

....

....

....

Übung 8 Schreiben Sie selbst einen kurzen Text.

Die Aufgabenstellung:
Schreiben Sie zwei Sätze zu jedem Thema.

1 Warum sind Sie umgezogen?
2 Beschreiben Sie den Umzug.

Tipp

sagen, wann etwas passiert (ist):
am Morgen / mittags / am Nachmittag / gestern / heute morgen / davor / danach

....

....

....

....

....

....

WOHNEN

Wortschatzarbeit: Zimmer und mehr

Übung 9 Wo liegt die neue Wohnung?

Ordnen Sie die Wörter zu:

~~auf dem Land~~ / in einem Dorf / ~~gegenüber der U-Bahn-Station~~ / nahe bei Geschäften / im Grünen / in einer Kleinstadt / in der Nähe vom Park / in der Stadt / in der Stadtmitte / in einem Vorort / am Wald / im Zentrum

EHER STADT	EHER LAND
▪ *gegenüber der U-Bahn-Station*	▪ *auf dem Land*
▪	▪ ....
▪	▪ ....
▪	▪ ....
▪	▪ ....
▪	▪ ....

Übung 10 Zimmer und andere Orte

Ordnen Sie die Substantive den Definitionen zu.

das Badezimmer | der Balkon | das Erdgeschoss | die Garage | der Garten | das Gästezimmer | der Hof | der Keller | das Kinderzimmer | die Küche | das Schlafzimmer | die Toilette | ~~das Wohnzimmer~~

Beispiel:
hier treffen sich die Bewohner, sehen fern, sprechen miteinander oder entspannen sich: das Wohnzimmer

1) dort schläft man: ....

2) dieser Raum ist für die Kinder: ....

3) dieser Raum ist für jemanden, der zu Besuch kommt: ....

4) dort kocht man: ....

5) hier gibt es ein Waschbecken, eine Toilette, eine Dusche oder eine Badewanne: ....

6) hier gibt es eine Toilette und ein kleines Waschbecken: ....

7) hier gibt es Bäume, Pflanzen, Blumen und vielleicht eine Terrasse, auf der man sitzen und entspannen kann (2 Lösungen): .... **8)** wenn man hier wohnt, muss man keine Treppe benutzen, wenn man zur Haustür kommen will: ....

9) hier parkt man das Auto: .... **10)** wenn man in diesen Raum gehen will, muss man auf einer Treppe nach unten gehen: .... **11)** hier kann man draußen sitzen, auch wenn man im ersten, zweiten usw. Stock wohnt: ....

Schreiben

Übung 11 **A** Vorher und nachher

Schreiben Sie zwei Sätze zu jedem Thema.

1 Wie ist die neue Wohnung?

2 Wie sind die verschiedenen Zimmer?

3 Wie war die alte Wohnung?

alt | bequem | dunkel | gemütlich | groß | hell | hoch | klein | möbliert | modern | neu | niedrig | praktisch | riesig | schön | unbequem | unmodern | unpraktisch | zentral

1) Beispiel: *Die neue Wohnung ist sehr groß. Außerdem ist sie zentral gelegen.*

....

2) Beispiel: *Das Wohnzimmer ist gemütlich. Das Bad ist aber ein bisschen unpraktisch.*

....

3) Beispiel: *Die alte Wohnung war dunkel. Die Zimmer waren sehr klein.*

....

B Vergleichen Sie die neue Wohnung und ihre Räume mit der alten Wohnung.

Tipp

VERGLEICHE

schöner, größer, unpraktischer als / (nicht) so schön, groß, unpraktisch wie

Beispiel: *Die neue Wohnung ist zentraler gelegen als die alte (Wohnung).*

....

....

....

Übung 12 Die neue Wohnung

Lesen Sie die folgende Beschreibung und markieren Sie zehn Fehler (außer dem Beispiel).

Jetzt **wir wohnen** endlich in unserer neuen Wohnung. Sie hat drei hell Zimmer, ein groß Wohnzimmer, ein Schlafzimmer und ein Kinderzimmer. Die Kuche ist zwar klein, aber praktisch. Am meisten finde ich, das die Wohnung habt einen großen Balkon. Sie ist wirklich viel schön als unsere alte Wohnung und wir sind richtig glücklich darüber, dass wir sie gefindet haben!

Schreiben Sie den Text jetzt neu.

Jetzt wohnen wir ....

....

....

....

WOHNEN

Texte schreiben

TEXT 1
GI / ÖSD B1 Teil 3

► Die Aufgabenstellung:

Sie konnten leider nicht zu Ihrem letzten Deutschunterricht kommen. Entschuldigen Sie sich und erklären Sie, warum Sie nicht kommen konnten (Umzug). Bitten Sie Ihren Lehrer Herrn Tusk höflich darum, Ihnen die Hausaufgaben für die nächste Woche mitzuteilen.

WICHTIG:

1 Anrede: *Sehr geehrter Herr ... / Sehr geehrte Frau ...*
(Die Person ist unbekannt oder man will den formellen Charakter der E-Mail betonen)
Lieber Herr ... / Liebe Frau ... (wenn man sich schon besser kennt)

2 Schreiben Sie in der Höflichkeitsform:
Sie / Ihnen (Personalpronomen) - *Ihr / Ihre / Ihren* (Possessivpronomen)

3 sich für etwas entschuldigen: *Es tut mir leid, dass ... / Auf diesem Wege möchte ich mich dafür entschuldigen, dass ... / Leider ...*

4 höflich um etwas bitten: *Könnten Sie mir bitte ... / Wäre es möglich, dass Sie mir ...*

5 Grußformel: *Mit freundlichen Grüßen* (+ Vor- und Nachname)

► Bilden Sie aus den folgenden Wörtern ganze, sinnvolle Sätze:

■ Beispiel: *Tusk / Sehr / Herr / , / geehrter* *Sehr geehrter Herr Tusk,*

1) leid / Deutschunterricht / mir /, / letzten / dass / Es / kommen / ich / . / konnte / nicht / tut / zum

....

2) erst / . / Möbelwagen / und / Wir / gekommen / umgezogen / ist / um 14.00 Uhr / sind / der

....

....

3) möglich / schicken / es / dass / Wäre / ? / , / mir / Hausaufgaben / nächste / Sie / Woche / für / die

....

4) freundlich / sehr / wäre / Ihnen / von / Das / wirklich / . / ....

5) Dank / Voraus / Im / . / vielen ....

6) Mit / Grüßen / freundlichen..

(Vor- und Nachname) ....

► **Schreiben Sie jetzt Ihren eigenen Text.**

Sehr geehrter Herr Tusk,

....

....

....

....

....

....

....

....

TEXT 2

Telc Zertifikat Deutsch B1

► **Die Aufgabenstellung:**

Sie haben bei einem Schüleraustausch bei einer netten Familie gewohnt und haben die beiden Kinder der Familie jetzt in Ihr Heimatland eingeladen. Diese haben Ihnen auf Ihre Einladung auch gleich geantwortet.

Liebe(r) ....,

danke für deine Einladung! Das war eine große Überraschung. Wir finden es natürlich toll, dich und dein Land zu besuchen. Aber habt ihr denn genug Platz für zwei Gäste? Wir wollen ja nicht, dass unser Besuch euch Probleme macht! Und wohnt ihr mitten in der Stadt oder eher im Grünen? Außerdem möchten wir wissen, wann wir am besten kommen sollten. Bitte antworte bald, damit wir uns auf die Reise vorbereiten können.

Alles Liebe
Max und Mara

Antworten Sie Ihren Bekannten. Schreiben Sie in Ihrer Mail etwas zu den folgenden vier Punkten:

1. warum es kein Problem für Sie ist, dass die beiden bei Ihnen wohnen
2. wann sie am besten in Ihr Heimatland kommen.
3. wo Ihre Gäste wohnen werden
4. wo und wie Sie wohnen

WOHNEN

► LÖSUNGSSCHRITTE

SCHRITT 1: Sie müssen einen Betreff formulieren und eine Anrede finden.

Welche Anreden passen nicht? Welche Anrede passt am besten?
Streichen Sie die falschen Anreden.

Betreff: Euer Besuch bei mir

Hallo Max und Mara, / Sehr geehrte Max und Mara, / Lieber Max und liebe Mara,...

WICHTIG: **den Satz nach dem Komma mit Kleinbuchstaben beginnen:**
Lieber Max und liebe Mara,
vielen Dank für eure E-Mail. ....

SCHRITT 2: Sie müssen die Punkte in eine passende Reihenfolge bringen.

FRAGEN IN DER E-MAIL:	IHRE ANTWORTEN:
Habt Ihr genug Platz?	• *warum es kein Problem ist, dass beide bei Ihnen wohnen werden* • *wo Ihre Gäste wohnen werden*
Wohnt ihr in der Stadt oder im Grünen?	• *wo und wie Sie wohnen*
Wann sollen wir kommen?	• *wann sie am besten in Ihr Heimatland kommen*

Tipp
Die Reihenfolge der Punkte ergibt sich in der Regel aus der E-Mail, die Sie erhalten.

SCHRITT 3: Sie müssen eine Wörtersammlung anlegen.

• *warum es kein Problem ist, dass beide bei Ihnen wohnen werden*

....

• *wo Ihre Gäste wohnen werden*

....

• *wo und wie Sie wohnen*

....

• *wann sie am besten in Ihr Heimatland kommen*

....

Tipp
Ratschläge geben und Vorschläge machen

Ich rate euch, ... zu ...	*Ich rate euch, im Sommer zu kommen.*
Ihr kommt am besten ...	*Ihr kommt am besten im Sommer.*
An eurer Stelle würde ich ...	*An eurer Stelle würde ich im Sommer kommen.*
Ich schlage vor, ihr ...	*Ich schlage vor, ihr kommt im Sommer.*

SCHRITT 4: Sie müssen **A** eine passende Einleitung und **B** einen passenden Schluss finden.

A Einleitung: **1** Fragen Sie, wie es den Freunden / Bekannten geht.
2 Nehmen Sie Bezug auf die E-Mail Ihrer Freunde / Bekannten.

Beispiele: *Liebe / Lieber ...,*
alles klar bei dir / euch? Ich hoffe, es geht dir/ euch gut.
danke für deine / eure E-Mail. Toll / Schade, dass ...
über deine / eure E-Mail habe ich mich sehr gefreut! Du fragst mich, ob ... / Ihr fragt mich, ob ...

B Schluss: **1** man wünscht den weiteren Kontakt zu dem Empfänger der E-Mail
2 man sendet Grüße **3** man unterschreibt mit dem Vornamen

Beispiele: *Antworte mir bald! / Antwortet mir bald!*
Lass von dir hören! / Lasst von euch hören!
Gib / Gebt mir Bescheid, wenn du / ihr Neuigkeiten hast / habt!

Alles Liebe / Liebe Grüße / Liebe Grüße an dich und deine Familie / Liebe Grüße an euch und eure Familie

dein / deine / euer / eure + Name

► **Antworten Sie jetzt auf Max' und Maras E-Mail.**

....

....

....

....

....

....

....

....

....

....

....

Wortschatzarbeit: Bekanntschaften machen und Freunde finden

Übung 1 **A** Ordnen Sie die Verben den Beschreibungen zu und **B** setzen Sie ein Verb statt des unterstrichenen Satzteils ein.

BEZIEHUNGEN

WORTIDEEN

~~jemanden / sich kennen~~ | jemanden kennen lernen | in Kontakt mit jemandem bleiben | jemanden / sich sehen | jemanden / sich treffen | sich vorstellen

Beispiel:

A *sich kennen:* Am Samstag habe ich in der Mensa zufällig Philipp getroffen. *Er ist mir* schon seit der Schulzeit *bekannt*

B *Am Samstag habe ich in der Mensa zufällig Philipp getroffen. Ich kenne ihn schon seit der Schulzeit.* ODER *Wir kennen uns schon seit der Schulzeit.*

1) **A** ....: Ich habe letzte Woche auf einer Party jemanden kennen gelernt, der mit sehr sympathisch war. Er hat *mir seinen Namen genannt* und natürlich habe ich ihm auch *meinen genannt* und wir haben uns angenehm unterhalten.

B ....

....

2) **A** ....: Seit wir im Ausland wohnen, ist es für uns wichtig, regelmäßig mit unserer Familie und unseren Freunden *zu telefonieren, über Skype zu sprechen oder Nachrichten zu verschicken.*

B ....

....

3) **A** ....: Gestern sind mein Freund und ich im Park *zum ersten Mal* einer netten Studentin *begegnet*, mit der wir ins Gespräch gekommen sind.

B ....

....

4) **A** ....: Die Mitglieder der Theatergruppe *verabreden* sich jeden Samstagabend im Café Münster.

B ....

....

5) **A** ....: Leider *treffe* ich meine Geschwister, die im Ausland wohnen, nur ab und zu.

B ....

....

A Lassen Sie Ihre Fantasie spielen: Wo haben Sie diese Menschen kennen gelernt? Finden Sie geeignete Orte.

WORTIDEEN

auf einer Parkbank | beim Joggen | in der Mensa | im Bus | auf einer Party | beim Mittagessen in der Kantine | im Sportverein | im Uni-Orchester | bei Freunden | auf dem Sportplatz | in einer Vorlesung | beim Spazierengehen | in der Firma | im Café | beim Praktikum | in der Apotheke | im Zug | im Sprachkurs | in der Umweltgruppe | im Internet | bei einer Abschiedsfeier | bei einer Versammlung ...

1) eine Frau: *auf einer Parkcbank* ....

2) einen Freund (von X), eine Freundin (von X) ....

3) einen Jungen: ....

4) einen Kollegen, eine Kollegin: ....

5) ein Mädchen: ....

6) einen Mann: ....

7) einen Mitschüler (von X), eine Mitschülerin (von X): ....

8) einen Studenten, eine Studentin: ....

9) einen Typen: ....

B Schreiben Sie etwas über die Eigenschaften der Person.

WORTIDEEN

alt | behindert | blind | blond | braun | dunkel | freundlich | groß | gut | hell | interessant | jung | klein | nett | rot | schick | schön | schwarz | sympathisch | taub | traurig | ...

Sie / Er war *jung* ....

Sie / Er hatte *braune Haare* ....

Sie / Er sah *freundlich* .... aus.

C Ordnen Sie den Personen Charaktereigenschaften und Verhaltensweisen zu. Wie verhielt sich die Person oder wie wirkte sie auf Sie, als Sie sie kennen gelernt haben?

WORTIDEEN

aufgeregt | ernst | freundlich | fröhlich | höflich | intelligent | lustig | nervös | nett | neugierig | ruhig | schüchtern | sportlich | sympathisch | traurig | unfreundlich | unsicher | unsympathisch ...

■ Beispiel: *eine Frau: höflich, intelligent*

1) ein Freund (von X), eine Freundin (von X) ....

2) ein Junge: ....

3) ein Kollege, eine Kollegin: ....

4) ein Mädchen: ....

5) ein Mann: ....

6) ein Mitschüler (von X), eine Mitschülerin (von X): ....

7) ein Student, eine Studentin: ....

8) ein Typ: ....

Schreiben

Übung 3 Sie haben verschiedene neue Bekanntschaften gemacht. Gehen sie auf die folgenden Punkte ein:

1 Beschreiben Sie, wo Sie die Personen getroffen haben.

2 Erzählen Sie etwas über die Personen (Aussehen, Verhalten, Wirkung).

Beispiel: *Zufällig war ich gestern im Park, weil ich joggen wollte. Dort habe ich eine nette junge Frau kennen gelernt. Sie hat mir sofort gefallen, weil sie so freundlich ausgesehen hat und genauso müde vom Joggen war wie ich. Endlich einmal jemand, der auch nicht so super sportlich ist!*

Tipp
einen geeigneten Anfang finden:
Zufällig / Als ich ... / Ich wollte gestern ...

Person 1: ....

....

....

Person 2: ....

....

....

Wortschatzarbeit:
Kontakt aufnehmen und Kontakte pflegen

Übung 4 Finden Sie die passenden Verben.

anbieten | jemanden ansprechen | diskutieren über | einladen zu | erzählen über | ins Gespräch kommen mit | ~~nebeneinander sitzen~~ | reden über | sprechen über | teilnehmen

■ Beispiel: *Ich sitze neben jemandem, das heißt wir* sitzen nebeneinander.

1) Der Platz neben mir ist frei. Ich .... ihn jemandem .... **2)** Ich habe mich zu einem Kurs angemeldet, das heißt ich .... an einem Kurs ....
3) Wenn sich zwei Menschen über etwas unterhalten, dann .... / .... / .... sie .... ein Thema. **4)** Jemand spricht über etwas oder jemanden, das heißt er .... über etwas oder jemanden. **5)** Entweder der andere oder ich beginnen ein Gespräch, das heißt wir .... miteinander. **6)** Ein sympathischer Mensch sitzt im Café neben mir und ich möchte mit ihm oder ihr sprechen. Ich .... ihn oder sie ....
7) Wir kommen miteinander ins Gespräch. Ich .... ihn oder sie zu einer Tasse Kaffee ....

Übung 5 In Kontakt bleiben

A Welche Veben passen?

abmachen | antworten | bekommen / kriegen | danken für | einladen | reagieren auf | schicken | schreiben | sehen | senden | treffen | verabredet sein mit | warten auf

1) eine Verabredung, ein Treffen: abmachen ....
2) eine Nachricht, E-Mail etc.: warten auf ....

B Finden Sie die entsprechenden Substantive ■ *Beispiel:* ***antworten:*** *eine* Antwort *erhalten*

1) treffen: das .... mit jemandem **2) danken für:** vielen .... für deine Antwort **3) einladen:** jemandem eine .... schicken

C Ergänzen Sie mit passenden Verben aus dem Wörterkasten.

Beispiel: Am Samstag habe ich ihr eine Nachricht geschickt *und ihr vorgeschlagen, dass wir uns im Café Cölln* treffen, *aber ich* warte *noch* auf *ihre Antwort.*

1) Heute habe ich meinen Eltern eine Postkarte aus dem Urlaub .... **2)** Ich bin erleichtert darüber, dass meine Schwester auf den Vorschlag, uns zu sehen, ...
3) Ich .... am Samstag mit meinen Freunden .... und Anna will auch kommen.
4) Wir haben ...., am Wochenende ins Kino zu gehen.

BEZIEHUNGEN

Schreiben

Übung 6 Eine Situation beschreiben

Sie haben zwei Personen (aus Übung 3) kennen gelernt. Beschreiben Sie, wie Sie miteinander in Kontakt gekommen sind und ob bzw. wie Sie miteinander in Kontakt bleiben wollen.

Tipp
Betonen Sie das, was Sie sagen wollen, durch geeignete Adverbien:
überhaupt nicht / ein bisschen / ziemlich / ganz schön / total usw.

Gehen sie auf die folgenden Punkte ein:

1. Beschreiben Sie, wie Sie die Bekanntschaft der Person gemacht haben (Übung 4).
2. Wie bleiben Sie mit der Person in Kontakt?

Beispiel: *Ich war natürlich ein bisschen nervös, als ich sie angesprochen habe, aber dann haben wir uns über unser Studium unterhalten. Eva ist total lustig und wir haben viel gelacht. Am Ende haben wir unsere Telefonnummern ausgetauscht und uns für das nächste Wochenende verabredet. Ich hoffe, sie ändert ihre Meinung nicht.*

Person 1: ....

....

....

Person 2: ....

....

....

Wortschatzarbeit: verschiedene Beziehungen

Übung 7 Hier ist alles falsch.

Ordnen Sie die Substantive den richtigen Sätzen zu.

Beispiel: *Ich habe meinen ~~Kuss~~ bei einer Geburtstagsfeier kennen gelernt.* Mann

Liebesbeziehung | Partner | Kuss | Hochzeit | ~~Mann~~ | Frau | Streit | Familie | Kind | Verlobung

1) Bei *unserem Kind* waren alle Freunde und Verwandten dabei. ....

2) Meine *Hochzeit* kommt aus einer *Liebesbeziehung* mit neun *Partnern*. ....

3) Die erste *Familie* endet oft mit einer Enttäuschung. ....

4) Viele Menschen suchen ihren *Streit* inzwischen im Internet. ....

5) *Die* erste *Verlobung* bleibt unvergesslich. ....

6) In vielen Ländern ist es auch heute noch üblich, die *Frau* mit einem großen Fest zu feiern. ....

7) Es ist ganz normal, dass es in einer Beziehung ab und zu *Mann* gibt. ....

Übung 8 Setzen Sie die passenden Verben ein.

~~sich duzen~~ | ~~sich siezen~~ | vertrauen | mögen | (nicht) gefallen | lieben | zusammen sein mit / zusammen leben mit | heiraten | streiten | jemanden belügen | sich trennen | sich verlieben in | sich verloben

Beispiel: *In Deutschland ist es üblich, sich zunächst einmal zu* siezen.
Erst wenn man sich näher kennt, duzt *man sich.*

1) Sie sind seit über fünfzig Jahren verheiratet und .... sich wie am ersten Tag ihrer Beziehung.

2) Es ist schwierig, mit einem Menschen länger zusammen zu .... / ...., dem man nicht wirklich .... kann.

3) In unserer Zeit .... die Menschen immer später.

4) Sie haben sich Hals über Kopf ineinander .... und sich schon nach wenigen Monaten ....

5) Zunächst haben sie ständig miteinander ...., dann hat einer den anderen .... und schließlich haben sie sich ....

6) Sie .... ihn von Anfang an, ihm .... ihr offenes Wesen.

Übung 9 Finden Sie die Gegensätze.
Manchmal passen mehrere Adjektive.

zusammen | verheiratet | ~~böse~~ | geschieden | verständnisvoll | warm | unehrlich |

Beispiel: *lieb* ≠ böse

1) ledig ≠ ....
2) getrennt ≠ ....
3) kühl ≠ ....
4) gleichgültig ≠ ....
5) ehrlich ≠ ....
6) verheiratet ≠ ....

Schreiben

Übung 10 Beschreiben Sie Ihre Beziehung zu drei Personen.

Beispiel: Ich habe mich damals von meinem Freund / meiner Freundin getrennt, weil er / sie so kühl und gleichgültig war.

Person 1: ....

Person 2: ....

Person 3: ....

Texte schreiben

TEXT 1

GI / ÖSD B1 Teil 3

► **Die Aufgabenstellung:**
Sie können in der nächsten Woche erst eine Stunde später zur Probe Ihrer Theatergruppe kommen. Schreiben Sie eine E-Mail an die Leiterin der Theatergruppe, Frau Niemayer.

Gehen Sie auf die folgenden Punkte ein:

1 Entschuldigen Sie sich und erklären Sie, warum Sie erst später kommen können.

2 Fragen Sie Ihre Lehrerin höflich, ob die Probe für Ihre Rolle etwas später stattfinden kann, damit Sie noch daran teilnehmen können.

BEZIEHUNGEN

A Bilden Sie aus den Wörtern korrekte Sätze und schreiben Sie die E-Mail.

Sehr geehrte Frau Niemayer,

Beispiel: *kann / unserer Theatergruppe / leider / ich / erst eine Stunde später / kommen / am kommenden Mittwoch / zur Probe*
Leider kann ich am kommenden Mittwoch erst eine Stunde später zur Probe unserer Theatergruppe kommen.

ihren / Meine Großmutter / feiert / 80. Geburtstag / und / unmöglich / ist / es • gehe / dass / zu ihrer Feier / nicht / ich • denn / für mich / sie / ein sehr wichtiger Mensch / ist

....

....

darum / fragen / Ich / Sie / möchte • an das Ende / die Probe / Sie / könnten / für meine Rolle / legen / ob • ich / teilnehmen / damit / kann / noch / daran

....

....

dankbar / sehr / Dafür / Ihnen / wäre / ich

....

nochmals / Entschuldigung / Ich / um / bitte

....

Mit / Grüßen / freundlichen

....

Sheila Khan

B Schreiben Sie nun Ihren eigenen Text.

Sehr geehrte Frau Niemeyer,
es tut mir wirklich leid, aber ...

TEXT 2

GI / ÖSD B1 Teil 1

Eine (persönliche) E-Mail schreiben

In jeder Zeile dieser E-Mail gibt es einen Fehler. Finden Sie die Fehler und notieren Sie die korrekten Sätze.

Beispiel: Liebe Sven,
Lieber Sven,

geht es dir besser? Ich hoffe es doch sehr! Ich bin sehr gut.

....

Wisst du noch? Vor einer Woche war doch die Abschiedsparty von Corinna,

....

weil sie zieht um nach Hamburg. Schade, dass du nicht dabei warst.

....

Sie hatte ihre ganze Hockeymannschaft einladen und ich habe ein echt nettes Mädchen

....

lernen gekennt: Caroline. Ich hatte ihr ein Getränk vom Buffet angeboten und so sind wir

....

zum Gespräch gekommen. Du weißt ja, dass ich sportliche Mädchen sowieso mag, aber

....

Caroline ist auch total nett und lustige. Wir haben uns gleich gut verstanden und wir

....

haben unser Handynummern ausgetauscht. Na ja, du weißt ja, dass ich eher ruhig und

....

ein bisschen schüchtern bin. Will ich sie jetzt anrufen oder soll ich warten, bis sie

....

anruft, so ich nicht aufdringlich bin? Ich möchte mich so gerne mit ihr treffen, denn ich

....

mich noch nie so gut mit einem Mädchen unterhalten habe! Gib mir bitte einen Rat, denn

....

du bist ja sehr selbstbewusster als ich!

....

Wirst bald gesund!

....

Liebe Gruße

....

dein ratlos Freund Max

....

TEXT 3

GI / ÖSD B1 Teil 2

Einen Forumsbeitrag schreiben

► **Die Aufgabenstellung**

Maxi5: Also, ich weiß nicht, wie das bei euch ist, aber ich finde, mein Partner muss nicht nur freundlich und verständnisvoll sein, sondern auch sehr gut aussehen. Schließlich will man ja nicht, dass Freunde oder Bekannte blöde Bemerkungen über deinen Freund machen.

A Bringen Sie die folgenden Sätze in die richtige Reihenfolge. Markieren Sie die Begriffe, die für den inneren Zusammenhang des Textes wichtig sind.

■ Beispiel: *Also, ich bin mit dir nicht ganz einverstanden, Maxi5.*

1) Wenn du dann noch möchtest, dass er sich für den Abend etwas Schickes anzieht, dann macht er das auch, wenn ihr euch mögt und gut versteht.

2) Ich glaube außerdem, dass jeder gut aussieht, wenn er ein bisschen auf seine Kleidung und sein Äußeres achtet.

3) Durch solche blöden Kommentare würde ich mich nicht verunsichern lassen!

4) Für mich ist aber sowieso viel wichtiger, dass ich mit meinem Partner eine gute und ehrliche Beziehung habe und wir zueinander stehen.

5) Natürlich sind schöne Menschen irgendwie beliebter, aber es ist doch auch oberflächlich, sich vor den Kommentaren der anderen zu fürchten.

Die richtige Reihenfolge: ___ - ___ - ___ - ___ - ___

B Schreiben Sie jetzt den Text in der korrekten Reihenfolge.

....

....

....

....

....

....

....

....

TEXT 4

Telc Zertifikat Deutsch B1

► Die Aufgabenstellung:

Sie haben einen alten Schulfreund im Internet wiedergefunden und zu Ihrer Hochzeit eingeladen. Er hat Ihnen auf Ihre Einladung gleich geantwortet.

Liebe ....,

danke für die Einladung zu eurer Hochzeit! Das ist ja wirklich toll, dass wir uns wiedergefunden haben.Wir kommen natürlich gerne. Erzähl doch mal: Wie und wo hast du deinen Mann denn kennen gelernt? Ich dachte, du bist noch mit deinem alten Partner zusammen. Und dann wollen wir natürlich wissen, welches Geschenk wir euch mitbringen sollen. Gib uns doch bitte auch einen Tipp, wo wir wohnen können. Ich warte auf deine Antwort.

Liebe Grüße an dich und Markus
dein Stefan

Antworten Sie Ihrem Freund.

Schreiben Sie in Ihrer E-Mail etwas zu den folgenden vier Punkten:

1. wo Ihre Freunde wohnen können
2. wo und wie Sie Ihren zukünftigen Ehepartner kennen gelernt haben
3. warum Sie sich von Ihrem alten Partner getrennt haben
4. ob Sie ein Geschenk möchten und wenn ja, welches

Bevor Sie die E-Mail schreiben, überlegen Sie sich eine passende Reihenfolge der Punkte, eine passende Einleitung und einen passenden Schluss. Vergessen Sie nicht Betreff und Anrede.

► Ihre Wörtersammlung

Meine Verben: ....

....

....

Meine Adjektive: ....

....

....

Tipp

WÖRTERSAMMLUNG ANLEGEN

Bevor Sie mit dem Schreiben anfangen, überlegen Sie sich genau, was Sie schreiben wollen und prüfen Sie, ob Sie genug Verben und Adjektive kennen, um Ihre Gedanken auszudrücken.

Schreiben Sie jetzt Ihre E-Mail.

Betreff: ....,
Liebe / Lieber ....,

Wortschatzarbeit: Essen und Lebensmittel

Übung 1 **A** Ordnen Sie die folgenden Begriffe den Definitionen zu und sammeln Sie weitere Beispiele.

Speise / Gericht | ~~Getränk~~ | Lebensmittel | Hunger | Durst | Mahlzeit | Ernährung

Beispiel:

a. *Getränk: etwas, was man trinken kann*

b. *heiße Getränke, Erfrischungsgetränke, alkoholische Getränke*

1) a ....: sie werden mit verschiedenen Zutaten zubereitet
b ....

2) ....: wenn man ihn verspürt, möchte man unbedingt etwas trinken

3) a ....: man isst etwas zu bestimmten Tageszeiten
b ....

4) a ....: man kauft sie im Supermarkt, auf dem Markt oder in verschiedenen Geschäften ein
b ....

5) ....: wenn man ihn verspürt, möchte man ganz schnell etwas essen

6) ....: was jemand regelmäßig oder gewöhnlich isst und trinkt

B Welche Verben passen sinngemäß zu den Substantiven? Mehrfachnennungen sind möglich.

sich ernähren | essen | frühstücken | mögen | trinken | versuchen | probieren | (zu) Mittag / Abend essen | vorbereiten

1) das Gericht / die Speise: *mögen* ....

2) die Mahlzeit: ....

3) verschiedene Lebensmittel: ....

4) der Hunger: ....

5) der Durst: ....

6) die Ernährung: ....

C Schreiben Sie mit den Substantiven und Verben aus **A** bzw. **B** Sätze.

Beispiel: *Wer sich gut ernähren will, sollte gesunde Speisen essen.*

....

....

Übung 2 Obst und Gemüse

Ordnen Sie die Obst- und Gemüsesorten den Farben zu. Ergänzen Sie noch weitere Obst- und Gemüsesorten, ganz nach Ihrem Geschmack!

WORTIDEEN

~~Salat~~ | Kartoffel (Erdäpfel) | Karotte (Möhre) | Pilz | Apfel | Erdbeere | Banane | Zwiebel | Aprikose | Orange (Apfelsine) | Zitrone | Tomate | Gurke | Paprika | Melone | ...

grün: *Salat* ....

rot: ....

braun: ....

gelb: ....

orange: ....

Übung 3 Molkereiprodukte, Brot, Eier und mehr!

Ordnen Sie die Lebensmittel den Adjektiven zu.

Butter | gekochtes Ei | Margarine | (Schwarz-, Weiß-)Brot | Käse | Joghurt | Spiegelei | Sahne | Marmelade | Omelett | Brötchen | Milch | Honig | Wurst

- *frisch:* ....
- *cremig:* ....
- *pikant:* ....
- *weich:* ....
- *hart:* ....
- *fett:* ....
- *aromatisch:* ....
- *würzig:* ....

Übung 4

Finden Sie die passenden Partizipien zu den Verben. Nennen Sie auch Beispiele.

■ Beispiel: *kochen* → *gekocht: gekochter Schinken, ein hart gekochtes Ei*

1. braten → ....
2. backen → ....
3. grillen → ....
4. schneiden → ....
5. würzen → ....

Übung 5 Was wollt ihr trinken?

Wie heißt das Wort richtig?

Beispiel: **OLACHDESOK**
Man trinkt sie heiß oder kalt, sie schmeckt süß, hat eine cremig-braune Farbe und auch Kinder können sie trinken: Schokolade

1) **AFEKFE** Er kommt wahrscheinlich aus Afrika, und zwar aus Äthiopien, und wird normalerweise von morgens bis nachmittags getrunken: ....

2) **ETE** In England, aber auch in Norddeutschland trinkt man traditionell dieses heiße Getränk: ....

3) **STAF** Er wird aus Obst gemacht: ....

4) **TRÄFRUSCHEKGINGENSER** Man trinkt sie kalt, sie erfrischen, sie schmecken fruchtig und enthalten oft sehr viel Zucker: E .... g ....

5) **RIBE** Man sagt über die Deutschen, dass das ihr Lieblingsgetränk sei: ....

6) **SASERW** Das einfachste und wahrscheinlich gesündeste Getränk: ....

7) **NIEW** Ein alkoholisches Getränk in den Farben rot, weiß und rosé: ....

Übung 6 Bei Kaffee und Kuchen

Ihre rüstigen Großeltern haben die Familie zu Kaffee und Kuchen zu sich nach Hause eingeladen. Bilden Sie Sätze. Achten Sie auf die richtigen Endungen und auf die richtige Zeit (Perfekt).

Beispiel: *mein - Schwester - haben - drei - Stück - von - der - lecker - Apfelkuchen - essen*
Meine Schwester hat drei Stücke von dem leckeren Apfelkuchen gegessen.

1) ich - haben - mir - eine - dick - Scheibe - von - mein - Lieblingskuchen - nehmen

....

2) mein - Onkel - haben - geduldig - auf - Oma - Schokoladentorte - warten

....

3) Opa - haben - eine - groß - Kanne - Kaffee - machen

....

4) mein - Vater - und - meine - Mutter - haben - dann - viel - Tasse - Kaffee - trinken

....

5) mein - Cousin - haben - der - frisch - gepresst - Orangensaft - ganz - alleine - trinken

....

6) meine - Tante - haben - nur - Tee - trinken - aber - dazu - haben - sie - mindestens - zwanzig - Vanillekeks - essen

....

7) meine - Cousine - machen - Diät - trotzdem - haben - sie - eine - heiß - Schokolade - trinken - und - Bananen- und Erdbeereis - essen

....

....

8) Kaffee - und - Kuchen - bei - Oma - und - Opa - sein - immer wieder - eine - Sensation

....

Schreiben

Übung 7

Geben Sie einer Torte, die aus mindestens fünf Zutaten gemacht ist, einen Namen!

Eine leckere ....

....

.... torte.

Übung 8

Sie und drei Freunde organisieren am See ein tolles Frühstückspicknick für Ihre Lerngruppe. Notieren Sie, was Sie brauchen, damit alle Teilnehmer des Picknicks genug zu essen und zu trinken haben. Benutzen Sie auch die Adjektive aus Übung 3 und die Partizipien aus Übung 4.

Tipp

Benutzen Sie verschiedene Verben, z.B.
mitbringen / einkaufen / besorgen / kaufen / beschaffen / dafür sorgen, dass es ...... gibt

- Beispiel: *Ich sorge dafür, dass es genug frische Brötchen gibt.*

Person 1: ....

....

Person 2: ....

....

Person 3: ....

....

Sie: ....

....

Übung 9

Sie wollen bald Ihr eigenes Restaurant eröffnen und beschäftigen sich gerade mit Ihrer Speisekarte.
Kombinieren Sie die folgenden Lebensmittel zu leckeren Gerichten. Benutzen Sie auch die Adjektive und Partizipien, die Sie in dieser Lektion gelernt haben.

Fleisch und Fisch:

- Rindfleisch, Kalbfleisch, Schweinefleisch, Lammfleisch, Hackfleisch, Würstchen, Huhn, Ente
- Fisch, Forelle

Beilagen:

- Reis, Nudeln, Kartoffeln, Grießklößchen

Art des Gerichts oder der Nachspeise:

- Braten, Schnitzel, Filet, Kotelett, Suppe, Pizza
- Kuchen, Gebäck, Eis, Torte

Gewürze und mehr:

- Sauce, Salz, Pfeffer, Senf, Ketchup, Majonäse, Öl, Olivenöl, Essig, Zucker, Knoblauch, Zwiebeln

Adjektive:

- frisch, fein, kalt, heiß, gewürzt, scharf, mild, süß, sauer, bitter, gekocht, gebraten, gebacken, vom Grill, geschnitten

SPEISEKARTE

DIE SPEZIALITÄT DES HAUSES

....

VORSPEISEN

....

....

SUPPEN

....

....

HAUPTSPEISEN

Lammkotelett mit Reis und Tomaten-Zwiebel-Sauce

....

....

BEILAGEN

....

....

NACHSPEISEN

....

....

GETRÄNKE

....

....

....

....

VERPFLEGUNG UND ERNÄHRUNG

Texte schreiben

TEXT 1

GI / ÖSD B1 Teil 3

► **Die Aufgabenstellung:**

Sie können einen Vortrag zum Thema „Gesunde Ernährung im Alltag" am kommenden Montag nicht halten, weil der Ernährungsberater, den Sie um Hilfe und Informationen gebeten hatten, den Termin mit Ihnen kurzfristig um eine Woche verschieben musste. Schreiben Sie eine E-Mail an Ihren Kursleiter Herrn Krause.

Gehen Sie auf die folgenden Punkte ein:

1 Bitten Sie höflich darum, dass Sie Ihren Vortrag eine Woche später halten können.

2 Begründen Sie Ihren Wunsch.

Tipp

Redemittel für eine formelle E-Mail

1 ÄNDERUNG EINES TERMINS VORSCHLAGEN

Wäre es möglich, dass ich meinen Vortrag eine Woche später halte?
Könnte ich meinen Vortrag vielleicht eine Woche später halten?
Würde es große Umstände machen, wenn ich meinen Vortrag eine Woche später hielte?

2 UM VERSTÄNDNIS BITTEN

Bitte haben Sie Verständnis für meine Situation.
Es tut mir wirklich leid und ich hoffe, Sie haben Verständnis für meine Situation. / Ich möchte nochmals um Verständnis bitten und bedanke mich im Voraus.

Schreiben Sie jetzt Ihren Text.

Sehr geehrter Herr Krause,

....

....

....

....

....

....

....

....

....

TEXT 2

GI / ÖSD B1 Teil 2

► Die Aufgabenstellung

Sarah2018: Also, ich muss es jetzt einfach einmal sagen: Der ganze Bio-Wahn geht mir echt auf die Nerven! Seit ich klein bin, gibt es bei uns zu Hause vor allem Lebensmittel aus dem Bioladen, die nicht so lecker sind wie ähnliche Produkte aus dem Supermarkt. Fleisch gibt es nur einmal in der Woche und ansonsten ernähren wir uns vegetarisch. Ich mag dieses Essen nicht! So ein saftiger Burger und ein großer Beutel Chips schmecken doch viel besser!

► LÖSUNGSSCHRITTE

Finden Sie in jedem Satz ein oder zwei Schlüsselwörter oder Ausdrücke, die die Basis für Ihre Antwort bilden.
WICHTIG: Sie müssen diese Wörter auch wirklich verstehen!

Beispiel:

Schlüsselwörter Satz 1:

1 *Bio-Wahn* = übertriebenes, einseitiges Verhalten, hier in Bezug auf den Kauf von Lebensmitteln aus ökologischem Anbau (Biolebensmittel)

2 *auf die Nerven gehen* = stören, darüber rege ich mich auf

Schlüsselwörter Satz 2:

1 *Bioladen* = Geschäft, das nur ökologisch produzierte Biolebensmittel verkauft

2 *nicht so lecker* = der Geschmack ist nicht gut

Schlüsselwörter Satz 3:

....

....

Schlüsselwörter Satz 4:

....

....

Schlüsselwörter Satz 5:

....

....

Überlegen Sie nun, welches Thema direkt und auch indirekt angesprochen wird.

A Thema Ernährung:
gesunde Ernährung gegenüber ungesunder Ernährung / vegetarische Ernährung gegenüber Fleischkonsum

B Thema Umwelt und Ernährung:
Biolebensmittel gegenüber Lebensmitteln aus dem Supermarkt

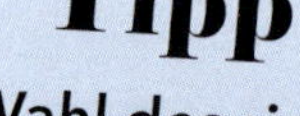

Tipp

Die Wahl des richtigen Themas

Konzentrieren Sie sich auf das Hauptthema, aber auch für ein Thema, das indirekt angesprochen wird, können Sie Argumente finden und sie in Ihrem Text anführen.

Wählen Sie Schlüsselwörter und schreiben Sie etwas zu ihnen.

Beispiel:
Bio-Wahn: Ich finde es nicht richtig, von Bio-Wahn zu sprechen, wenn man sich bewusst ernähren möchte.
auf die Nerven gehen: Andererseits kann ich Sarah natürlich ganz gut verstehen, weil ihre Eltern vielleicht etwas übertreiben.

Schlüsselwort 1:

....

....

Schlüsselwort 2:

....

....

Überlegen Sie sich jetzt noch ein weiteres eigenes Argument.

Beispiel:
EIGENES ARGUMENT ZU 1:
Eine gute Ernährung ist für unsere Gesundheit besonders wichtig und es ist doch richtig, wenn man schon zuhause lernt, welche Lebensmittel gut und welche eher schädlich sind.
EIGENES ARGUMENT ZU 2: Man sollte auch überlegen, ob es gut ist, wenn man so wenig Fleisch ist, denn der Mensch braucht Proteine.

Ihr Argument zu Schlüsselwort 1:

....

....

Ihr Argument zu Schlüsselwort 2:

....

....

Verbinden Sie Ihre Argumente, schreiben Sie Ihre Meinung und fügen Sie einen Abschlusssatz hinzu.

TEXT 1 + TEXT 2

Ich finde es nicht richtig, von Bio-Wahn zu sprechen, wenn man sich bewusst ernähren möchte. Eine gute Ernährung ist für unsere Gesundheit besonders wichtig und es ist doch richtig, wenn man schon zuhause lernt, welche Lebensmittel gut und welche eher schädlich sind.

Andererseits kann ich Sarah natürlich ganz gut verstehen, weil ihre Eltern vielleicht etwas übertreiben. Man sollte auch überlegen, ob es gut ist, wenn man so wenig Fleisch isst, denn der Mensch braucht Proteine. Allerdings gibt es genug Produkte, die Fleisch ersetzen und weniger Fleischkonsum und mehr Produkte aus dem Bioladen sind auch besser für die Umwelt. Deshalb denke ich nicht, dass Sarah mit ihrer Kritik recht hat.

► **Formulieren Sie jetzt Ihren Beitrag. Fügen Sie noch ein Argument hinzu und verbinden Sie Ihre Sätze.**

Tipp

Sätze verbinden
Gegensätze ausdrücken:
andererseits, allerdings
ein Argument hinzufügen:
darüber hinaus, überdies

....

....

....

....

....

....

....

....

....

....

....

....

....

Wortschatzarbeit: Freizeit

Übung 1 Verbinden Sie die folgenden Sätze mit Hilfe der Angaben in den Klammern sinnvoll miteinander.

Beispiel: *Wir waren im Urlaub. Im Sommer sind wir nach Frankreich gefahren. (nur Hauptsatz)*
Wir waren im Sommer in Frankreich im Urlaub.
Im Sommer waren wir in Frankreich im Urlaub.

1) Wir haben am Wochenende einen Ausflug gemacht. Wir sind zur Burg Drachenfels gefahren. (nur Hauptsatz)

....

....

2) Ich habe nachmittags frei. Dann gehe ich meistens spazieren oder treffe mich mit Freunden. (Nebensatz: wenn)

....

....

3) Wir machen immer an der Ostsee Ferien. Uns gefällt es dort so gut. (Nebensatz: weil)

....

....

4) Dieses Jahr fahren wir nicht in Urlaub. Leider! Meine Eltern müssen arbeiten. (Hauptsatz: denn)

....

....

5) Wir haben ein Ferienhaus am Meer. Dorthin fahren wir jedes Mal, wenn wir Ferien haben. (Nebensatz: wohin)

....

....

Übung 2 Zeit oder Freizeit?

Ordnen Sie zu.

1) Wenn man keine Verpflichtungen hat, also zum Beispiel nicht arbeiten muss, oder wenn man sich erholen oder sich mit seinen Hobbys beschäftigen kann, nennt man das ....

2) Wenn einem zum Beispiel ein paar Stunden zur Verfügung stehen, man aber noch nicht weiß, was man in diesem Zeitraum tut, sagt man einfach, man hat ....

FREIZEIT

Übung 3 Was tun Sie in Ihrer Freizeit?

A Notieren Sie passende Freizeitbeschäftigungen.
Ordnen Sie die Wörter aus dem Kasten sinnvoll zu und finden Sie noch weitere Beschäftigungen.

WORTIDEEN

etwas spielen | ausgehen | spazieren gehen | ein Instrument spielen | Sport treiben | fotografieren | wandern | lesen | reisen | etwas sammeln | Freunde einladen | einen Kochkurs machen | malen | basteln | im Chor singen | eine Theatergruppe besuchen ...

Beispiel: *jemand, der gerne Fotos macht: fotografieren*

1) ein kleines Kind:

....

2) ein 70-jähriger Rentner / eine 70-jährige Rentnerin:

....

3) ein Student / eine Studentin:

....

4) ein Berufstätiger / eine Berufstätige mit 50-Stunden-Woche:

....

5) eine Hausfrau / ein Hausmann:

....

6) jemand, der arbeitslos ist:

....

7) eine Jugendliche / ein Jugendlicher:

....

8) jemand in der Ausbildung:

....

9) ein Mensch, der sich für Kultur interessiert:

....

10) ein Naturfreund:

....

11) jemand, der gerne kocht:

....

12) ein sportlicher Typ:

....

B Wählen Sie drei Personen aus **A**. Beschreiben Sie, wie und wo die Personen ihre Freizeit verbringen. Notieren Sie auch, wann sie Freizeit haben.

Beispiel: *Naturfreund: Ich liebe die Natur, deshalb wandere ich gerne und fotografiere Tiere und Pflanzen. Am liebsten mache ich Ausflüge in die Berge oder an den See in der Nähe meines Wohnortes. Am Wochenende habe ich am meisten Zeit für mein Hobby. In der Woche lade ich dann meine neuesten Fotos in meinem Blog hoch.*

WORTIDEEN

die Natur | das Meer | das Café | das Konzert | der Sportplatz | der Park | draußen | drinnen | zu Hause | das Kino | der Freizeitpark | der Wald | die Berge | das Zentrum | der Reitstall | das Schwimmbad …

Person 1: ……………………………………………………………

……………………………………………………………

……………………………………………………………

Person 2: ……………………………………………………………

……………………………………………………………

……………………………………………………………

Person 3: ……………………………………………………………

……………………………………………………………

……………………………………………………………

FREIZEIT

C Ihre Freunde haben zwei Kinder im Alter von acht und elf Jahren, denen es immer langweilig ist. Machen Sie Ihren Freunden vier Vorschläge, was sie mit den Kindern unternehmen könnten.

Beispiel: *Warum macht ihr mit den Kindern am Wochenende nicht mal eine Fahrradtour mit einem schönen Picknick?*

Tipp

Redemittel Vorschläge und Ratschläge:

Ihr solltet vielleicht mal .... (Infinitiv)
Ich an eurer Stelle würde … (Infinitiv)
Die Kinder könnten doch … (Infinitiv)
Warum (Verb) + (Ergänzung)

1) ……………………………………………

……………………………………………

……………………………………………

2) ……………………………………………………………

3) ……………………………………………………………

4) ……………………………………………………………

Schreiben

Übung 4 Traditionelles Spiel oder Computerspiel?

A Wählen Sie zwei bis drei Vor- und Nachteile aus, die Ihrer Meinung entsprechen.

VORTEILE

man spielt mit anderen zusammen • man hat direkten Kontakt zu den Mitspielern • viele Leute können zusammen spielen • man hat Mitspieler aus vielen Ländern • die Spiele sind nicht so teuer • man braucht keine spezielle Ausrüstung • die Spiele sind schnell und spannend • man muss nachdenken und sich eine Taktik überlegen • die Spiele entwickeln sich weiter, es gibt eine Geschichte • Jung und Alt können zusammen spielen • die Spiele sind sehr phantasievoll • ...

NACHTEILE

man hat nur virtuellen Kontakt zu anderen • man spielt eigentlich alleine • viele Spiele sind monoton und langweilig • viele Spiele sind brutal • die Spiele dauern zu lange • diese Spiele können süchtig machen • man will oder kann nicht mehr aufhören • manche Spiele sind zu kompliziert oder anspruchsvoll • man verlernt, geduldig zu sein • ...

Vor- und Nachteile traditioneller Spiele (Brettspiele, Kartenspiele usw.):

....

....

Vor- und Nachteile von Computerspielen:

....

....

B Formulieren Sie nun Ihre eigene Meinung

Beispiel: *Ich finde Brettspiele langweilig.*

Ich bin der Meinung, dass ...

Tipp

Die eigene Meinung ausdrücken:

Ich finde ... (nicht) gut, langweilig, spannend ...

Ich finde es (nicht so) gut, wenn ...

Ich finde es (nicht) gut, dass ...

Meiner Meinung / Ansicht nach + Verb

Ich bin der Meinung / Ansicht, dass ...

Übung 5 Reagieren Sie auf die folgenden Vorschläge mit Zustimmung oder Ablehnung und einer passenden Begründung.

ZUSTIMMUNG AUSDRÜCKEN:
- Das wird bestimmt lustig!
- Ich finde das total interessant / großartig / wunderbar.
- Toll! Dabei kann man sich gut entspannen.
- … finde ich immer spannend / interessant.
- Ich lerne gerne etwas Neues kennen.
- Ich probiere gerne etwas Neues aus.
- Meine Freunde sagen, dass … schön / lustig ist.
- Fantastisch! Das ist eine gute Gelegenheit, um … zu + Infinitiv
- … ich besonders gern.

ABLEHNUNG AUSDRÜCKEN:
- Das ist doch langweilig.
- Das finde ich eher uninteressant.
- Ich habe von Freunden gehört, dass… schlecht / uninteressant ist.
- Damit kenne ich mich nicht aus.
- Ich habe eigentlich andere Interessen.
- Das ist mir zu anstrengend.
- … habe ich nicht genug Zeit.
- … mache ich nicht so gerne.
- Dazu habe ich nicht so viel Lust.

Beispiel: *Ein Freund von Ihnen möchte mit Ihnen*
A *in eine Ausstellung über moderne Kunst oder*
B *in eine Ausstellung eines berühmten Malers gehen.*

A *Tut mir leid, aber damit kenne ich mich nicht so gut aus.*
B *Toll! In Ausstellungen gehe ich besonders gern!*

1) Eine Freundin fragt Sie, ob
A Sie regelmäßig mit ihr joggen wollen oder
B ob Sie mit ihr zu einem bekannten Tennisturnier gehen wollen.

A ....
B ....

2) Ein Bekannter möchte von Ihnen wissen,
A ob Sie gerne Bücher lesen und mit ihm eine große Buchhandlung besuchen wollen,
B oder ob Sie mit ihm eine Komödie im Theater ansehen wollen.

A ....
B ....

3) Ihre Cousine möchte wissen,
A ob Sie Lust auf einen Stadtbummel haben oder
B ob Sie als Freiwillige(r) bei einer Bürgerinitiative für mehr Grün und freie Plätze in der Stadt mitmachen wollen.

A ....
B ....

4) Ihr Onkel fragt Sie,
A ob Sie mit ihm eine mehrstündige Wanderung machen möchten
B oder ob Sie Lust auf ein Picknick am Seeufer haben.

A ....
B ....

FREIZEIT

Übung 6 Wie war´s?

Sie haben an verschiedenen Veranstaltungen teilgenommen. Beschreiben Sie, was Sie gesehen haben, was Ihnen gefallen und was Ihnen nicht so gut gefallen hat.

Tipp

Wörtersammlung anlegen
Legen Sie zu jedem Thema zunächst eine Wörtersammlung an. Überlegen Sie zum Beispiel, wann und mit wem Sie etwas unternommen haben, was Sie und die anderen dort getan haben (Verben!), wo genau die Veranstaltung stattfand, wie das Wetter war und vieles mehr.

Beispiel: *ein Filmabend mit Dokumentarfilmen in der Volkshochschule*

A Ihre Wörtersammlung: Film über den Amazonas und den tropischen Regenwald / mit meinem Bruder / studiert Biologie / am Samstagnachmittag / zuerst nicht wollen / gesehen haben / interessant gefunden haben / ein paar nette Leute kennen gelernt haben / in ein Cafe gegangen sein

B Ihre Beschreibung: Am Wochenende gab es in der Volkshochschule einen Filmabend mit Dokumentarfilmen. Mein Bruder studiert Biologie und hat mich gefragt, ob ich am Samstagnachmittag mit ihm einen Film über den Amazonas und den tropischen Regenwald sehen möchte. Zuerst wollte ich nicht, aber dann haben wir den Film doch zusammen gesehen. Ich habe ihn total interessant gefunden. Außerdem haben wir ein paar nette Leute aus dem Semester meines Bruders kennengelernt und sind mit ihnen anschließend noch in ein Cafe gegangen.

1) Eine Sommerparty bei guten Freunden von Ihnen

A *Ihre Wörtersammlung:* ....

....

....

B *Ihre Beschreibung:* ....

....

....

....

....

2) Ein Besuch in einem Restaurant, das von Blinden geführt wird und in dem man nichts sieht

A *Ihre Wörtersammlung:* ....

....

....

B *Ihre Beschreibung:* ....

....

....

....

....

3) Ein Tag in einem Kletterwald

A ***Ihre Wörtersammlung:*** ....

....

....

B ***Ihre Beschreibung:*** ....

....

....

....

....

4) Eine Fahrradtour mit Freunden

A ***Ihre Wörtersammlung:*** ....

....

....

B ***Ihre Beschreibung:*** ....

....

....

....

....

Wortschatzarbeit: Urlaubszeit

Übung 7 Reisen und Urlaub

A Finden Sie die geeigneten Verben.

bezahlen | bleiben | ~~fahren~~ | ~~fliegen~~ | reservieren | verbringen | zurückfahren / zurückfliegen ...

■ Beispiel: *So kommen Sie zu Ihrem Urlaubsort:* fahren, fliegen

1) So kommen Sie wieder nach Hause: ....

2) So beschreiben Sie, wie lange Sie an Ihrem Urlaubsort waren: eine Woche, vierzehn Tage, ein Wochenende in X-Stadt ....

3) So sind Sie sicher, dass es im Hotel ein Zimmer für Sie gibt: ein Hotelzimmer ....

4) niemand wohnt kostenlos im Hotel: die Rechnung bar oder mit Kreditkarte ....

B Ordnen Sie die Verben zu.

ansehen | ~~besichtigen~~ | faulenzen | kaufen | lesen | liegen | machen (4x) | probieren

Beispiel: *Sehenswürdigkeiten* besichtigen

1) leckeres Essen .... 2) eine Fahrradtour ....

3) sich die Stadt .... 4) Ausflüge in die Umgebung ....

5) Souvenirs .... 6) am Strand .... und ....

7) den Reiseführer oder ein gutes Buch ....

8) eine Führung .... 9) eine Bootsfahrt ....

C Notieren Sie zu jedem Substantiv fünf Wörter.

Hotel: *bequem,* ....

Campingplatz: *viele Mücken,* ....

Ferienwohnung / Ferienhaus: *selber kochen,* ....

D Ordnen Sie die Begriffe zu.

~~Reise~~ / Kurzreise / Ausflug / Flug

1) **A** man fährt meistens für mehrere Tage an einen Ort, der weit entfernt ist: *die Reise*

B wenn man fliegt, ist das ein ....

C man fährt oder wandert für einen Tag in die nähere Umgebung: ....

D man fährt nur für wenige Tage an einen anderen Ort: ....

Reiseführer / Reiseleiter / Fremdenführer (Tourguide, Reiseführer)

2) **A** jemand, der Besuchern bei einer Führung zum Beispiel Sehenswürdigkeiten oder die Geschichte einer Stadt erklärt und dafür beruflich qualifiziert ist: ....

B ein Buch, in dem man wichtige Informationen über den Urlaubsort findet: ....

C jemand, der eine Reisegruppe begleitet und dabei für Fragen, die zum Beispiel die Unterkunft oder die Organisation von Ausflügen betreffen, verantwortlich ist: ....

Sehenswürdigkeit / Denkmal

3) **Sehenswürdigkeit oder Denkmal?**

A ein größeres Kunstwerk, zum Beispiel eine Plastik oder eine Skulptur, die an ein historisches Ereignis oder an bestimmte Personen oder Personengruppen erinnern soll: ....

B etwas Einmaliges oder etwas besonders Schönes oder Kurioses, das man nur an einem bestimmten Ort besuchen kann und das deshalb vor allem für Touristen besonders interessant ist: ....

FREIZEIT

Übung 8 Sie haben vor Kurzem in Ihrem Heimatland ein Hotel eröffnet. Was bieten Sie Ihren Gästen?

A Wählen Sie aus den folgenden Begriffen, was Sie in Ihrem Hotel anbieten möchten.

1) Einzelzimmer / Doppelzimmer / Familienzimmer mit kleiner Einbauküche / Suite

2) Vollpension / Halbpension / Frühstück / Frühstücksbuffet / Buffet mit warmen Speisen / vegetarische und vegane Küche

3) Innenpool / Außenpool / Kinderbetreuung / Parkplatz / Haustiere willkommen / Organisation von Ausflügen / Ticketservice / Benutzung des Hotelgartens / Fahrradverleih / behindertengerechte Ausstattung / Fitnessraum für Jung und Alt / Saunalandschaft / Tennisplätze / Tischtennis / Minigolf / Kinderspielplatz / Zugang zum Strand / WIFI

4) Einchecken / Auschecken

B Fügen Sie Ihrer Beschreibung Einzelheiten hinzu.

■ Beispiel: *helle und modern möblierte Einzelzimmer mit Bad*

MEIN HOTEL

UNSERE ZIMMER

....

....

....

....

MAHLZEITEN

....

....

....

SERVICE

....

....

Informationen und Kontakt

....

....

Texte schreiben

TEXT 1

GI / ÖSD B1 Teil 1

Sie unternehmen mit einer Gruppe von Freunden eine Reise. Leider musste einer Ihrer Freunde wegen einer Erkrankung zu Hause bleiben. Berichten Sie ihm in einer E-Mail von Ihrer Reise.

Gehen Sie auf die folgenden Punkte ein:

1. wo Sie sich im Moment befinden und was Sie gerade machen
2. was Sie schon alles gesehen und erlebt haben
3. wie Ihnen die Reise bisher gefällt

► Die Aufgabenstellung

Lesen Sie genau die Aufgabenstellung und achten Sie auf die folgenden Punkte:

- ☐ Sie und Ihre Freunde sind immer noch unterwegs, die Reise ist noch nicht zu Ende.
- ☐ **Punkt 1:** Achten Sie auf die örtlichen Präpositionen und schreiben Sie im Präsens.
- ☐ **Punkt 2:** Schreiben Sie im Perfekt. Notieren Sie in der Wörtersammlung die passenden Verben im Perfekt.
- ☐ **Punkt 3:** Sie brauchen Wortschatz, um die Reise zu bewerten.

► Ihre Wörtersammlung

Punkt 1 ....

....

....

Punkt 2 ....

....

....

Punkt 3 ....

....

....

► CHECKLISTE

Überprüfen Sie, ob Sie diese Punkte erfüllt haben:

☐ korrekte Anrede ☐ Einleitung und Punkte (1) bis (3) ☐ Schlusssatz, Gruß und Name

Schreiben Sie jetzt Ihren Text.

TEXT 2

Telc Zertifikat Deutsch B1

Sie haben von einer Freundin aus der Schweiz die folgende E-Mail erhalten:

Hallo ....,
wie geht es dir? Haben bei euch auch schon die Ferien angefangen? Ich bin so froh, dass ich jetzt endlich mehr Zeit für meine Hobbys habe! Du weißt ja, wie gerne ich klettere, deshalb habe ich mich in einem Klettercamp angemeldet, das nächste Woche beginnt. Ich freue mich total darauf! Außerdem möchte ich dieses Jahr am Schweizerischen Jugendmusikwettbewerb teilnehmen. Mein Lehrer hat gesagt, dass ich jeden Tag mindestens vier Stunden üben muss. Uff!! Na ja, Cellospielen ist meine große Leidenschaft und das Üben gehört eben dazu. Was machst du in deiner Freizeit? Haben du und deine Freunde gemeinsame Hobbys? Was machen junge Leute in deiner Heimat am liebsten, wenn sie nicht lernen, studieren oder arbeiten? Schreibst du mir bald? Ich freu mich schon darauf, von dir zu hören.

Alles Liebe
deine Klara

Antworten Sie Ihrer Freundin.

Schreiben Sie in Ihrer E-Mail etwas zu den folgenden vier Punkten:

1 was Sie gerne in Ihrer Freizeit unternehmen

2 welche Freizeitaktivitäten in Ihrem Heimatland besonders populär sind

3 wie viel Freizeit Sie haben

4 wie intensiv Sie sich mit Ihren Hobbys beschäftigen

Bevor Sie die E-Mail schreiben, überlegen Sie sich eine passende Reihenfolge der Punkte, eine passende Einleitung und einen passenden Schluss. Vergessen Sie nicht Betreff und Anrede.

► Die Aufgabenstellung

Lesen Sie genau die Aufgabenstellung und bringen Sie die vier Punkte in eine logische Reihenfolge, zum Beispiel 1-4-3-2 oder 3-4-1-2. Fragen Sie sich: Wie kann ich die Punkte sprachlich am besten verbinden?

► Ihre Wörtersammlung

Verben: ....

Adjektive: ....

Substantive: ....

Konjunktionen: ....

► Ihre E-Mail an Klara

Betreff: Meine Freizeit

TEXT 3

GI / ÖSD B1 Teil 2

► Die Aufgabenstellung

Sofaheld: Alle Leute, die ich kenne, machen irgendeinen Sport. Klar, Sport ist natürlich gut, weil man fit bleibt, aber ich finde das trotzdem total langweilig. Man kann doch in seiner Freizeit so viele andere Sachen machen! Ich beschäftige mich z. B. am liebsten mit dem Garten und mit Pflanzen, gehe gerne mit unserem Hund spazieren und arbeite freiwillig im Tierheim. Meine Freunde, die begeistert Fußball, Handball oder Tennis spielen, können das nicht verstehen und finden, das ist etwas für alte Leute. Aber warum soll ich etwas tun, was mich nicht wirklich interessiert, nur weil alle anderen es machen?

► LÖSUNGSSCHRITTE

1) wichtige Stichwörter: ....

2) Ihr Thema: ....

3) Ihre Wörtersammlung: ....

....

4) Ihre Argumente und Ihre Meinung: ....

....

► Ihre Meinung zu dem Thema

TEXT 4

GI / ÖSD B1 Teil 3

Sie können nicht zum nächsten Klavierunterricht kommen. Geben Sie Ihrem Lehrer Herrn Watzlawik Bescheid, informieren Sie ihn kurz darüber, warum Sie nicht kommen können und entschuldigen Sie sich höflich für Ihr Fehlen.

A Markieren Sie die Fehler in der folgenden E-Mail.

Hallo, lieber Herr Watzlawik,

es tut mir wirklich leid, aber ich kann nicht kommen zu meine nächste Klavierunterricht. Unsere Familie zur Taufe meiner kleinen Cousine fährt, die stattfindet im nächsten Freitagnachmittags. Weil ich bin der Taufpate, ich muss natürlich dabei sein. Bitte Sie Entschuldigung mein Fehlen.

Im Voraus viele Danke für ihr Verständnis.
Mit freundlichen Grüße
Paul Mustermann

B Schreiben Sie die E-Mail korrekt auf. *Sehr geehrter Herr Watzlawik, ...*

ARBEIT UND BERUF

Wortschatz: Ausbildung und Studium

Übung 1 Ausbildung oder Studium

A Bringen Sie die folgenden Sätze in eine sinnvolle Reihenfolge. Markieren Sie wichtige Wörter.

( ) Also habe ich doch ein Studium aufgenommen und konkret studiere ich Architektur und Stadtplanung.

( ) Ich habe mich dann bei verschiedenen Unternehmen beworben und vorgestellt und schnell eine geeignete Stelle in einem großen Architekturbüro gefunden.

( ) Zum Glück kann ich in meinem alten Ausbildungsunternehmen jederzeit ein Praktikum machen.

(**1**) *Während der Schulzeit wusste ich noch nicht, was ich werden wollte.*

( ) Ich entschloss mich, eine Ausbildung als Bauzeichner zu machen.

( ) Meine Mutter sagte, dass ich zuerst einmal eine Ausbildung machen und einen Beruf lernen sollte, während mein Vater meinte, dass ich gleich studieren sollte.

( ) Durch das eine Jahr meiner Ausbildung habe ich natürlich schon einige praktische Erfahrung gesammelt und Einblick in das Berufsleben erhalten.

( ) Nach einem Jahr habe ich aber festgestellt, dass diese Ausbildung nichts für mich ist, und deshalb habe ich sie abgebrochen.

( ) Ich bin aber jemand, der sich auch sehr für wissenschaftliche und künstlerische Fragen und den theoretischen Hintergrund interessiert und darum ist ein Studium für mich am besten.

Die Reihenfolge: (...) (...) (...) (**1**) (...) (...) (...) (...) (...)

B Schreiben Sie jetzt den Text neu.

Während der Schulzeit wusste ich noch nicht, was ich werden wollte. ....

....

....

....

....

....

....

....

....

....

....

....

....

....

Übung 2 Formulieren Sie mit den vorgegebenen Wörtern Sätze.

Tipp

1 SÄTZE EINLEITEN

Ich wusste schon immer ...
Bis heute weiß ich nicht ...
Schon während der Schulzeit war mir klar, ...
Während der Schulzeit wusste ich nicht, ...

2 EIN ODER ZWEI ADVERBIALE BESTIMMUNGEN ODER NEBENSÄTZE VERWENDEN

Wann? seit, um, während, wenn, bevor, als
Warum? weil, wegen
Wie? durch, mit, indem
Wo? bei, vor, hinter, neben, davor, daneben, dahinter

Beispiel: *studieren:*
Schon während der Schulzeit war mir klar, dass ich Physik studieren wollte, weil ich dieses Fach faszinierend finde.

1) werden wollen: ....

....

2) eine Lehre / Ausbildung machen: ....

....

3) eine Ausbildung / Lehre als ... beginnen: ....

....

4) ein Studium aufnehmen: ....

....

5) einen Studienplatz / Ausbildungsplatz / Praktikumsplatz suchen: ....

....

Übung 3 Ordnen Sie zu.

Beruf / Arbeit / Job

A Eine bestimmte Arbeit, die man gelernt hat, damit man Geld verdient: ....

B vor allem eine vorübergehende Beschäftigung, mit der man Geld verdient: ....

C die Ausübung des Berufs: ....

Schreiben

Übung 4 Verschiedene Ausbildungen und Berufe

Bilden Sie aus den vorgegebenen Wörtern und Angaben vollständige Sätze.

Beispiel:

Wörtersammlung *Bewerbung - sich bewerben um - Praktikum - Praktikumsplatz*

Angaben *wann, wo, mit welchem Ergebnis*

Im November habe ich mich um einen Praktikumsplatz bei einem pharmazeutischen Unternehmen beworben. Zum Glück hat man meine Bewerbung angenommen und ich kann dort im März drei Wochen lang ein Praktikum machen.

1) **Wörtersammlung** sich bewerben um - bekommen - Berufserfahrung - Betrieb - Stelle

Angaben wann, warum, wo

....

....

2) **Wörtersammlung** arbeiten als - organisieren - entwickeln - Spezialist - Aufgabe - Firma

Angaben seit wann

....

....

3) **Wörtersammlung** Aufträge bearbeiten - verkaufen - Angestellte - Spaß machen

Angaben wo

....

....

4) **Wörtersammlung** Chef / Chefin - kleines Unternehmen - Verantwortung haben für - leiten - organisieren

Angaben seit wann, wie ist die Arbeit

....

....

5) **Wörtersammlung** Techniker / Technikerin - Werkstatt - Reparatur - Wartung - reparieren - warten

Angaben warum

....

....

6) **Wörtersammlung** Bauer / Bäuerin - Bauernhof - Feld - Produkt - Tiere - arbeiten - versorgen - verkaufen - Markt

Angaben wann, wie oft

....

....

Wortschatz

Übung 5 Arbeitsplätze

A Ordnen Sie den Berufen Arbeitsplätze zu.

WORTIDEEN

Bauernhof | zu Hause | Geschäft | Krankenhaus | Feld | Fabrik | Kanzlei | Produktionshalle | Praxis | Büro | Konferenzraum | Gericht | Schule | ...

Beispiel: *Rechtsanwalt / Rechtsanwältin:* *Gericht, Kanzlei*

1) Arzt / Ärztin: ....

2) Sekretär / Sekretärin: ....

3) Geschäftsmann / Geschäftsfrau: ....

4) Bauer / Bäuerin: ....

5) Facharbeiter / Facharbeiterin: ....

6) Hausmann / Hausfrau: ....

7) Lehrer / Lehrerin: ....

B Ordnen Sie den Arbeitsplätzen aus **A** zwei geeignete Adjektive zu.

WORTIDEEN

laut | gepflegt | neu | groß | privat | modern | ruhig | hektisch | voll | schmutzig | ...

Beispiel: *Bauernhof:* *groß, alt*

1) zu Hause: ....

2) das Geschäft: ....

3) das Krankenhaus: ....

4) das Feld: ....

5) die Fabrik: ....

6) die Kanzlei: ....

7) die Produktionshalle: ....

8) die Praxis: ....

9) das Büro: ....

10) der Konferenzraum: ....

11) das Gericht: ....

12) die Schule: ....

C Wählen Sie drei Berufe aus **A** und beschreiben Sie Ihren Arbeitsplatz mithilfe von geeigneten Adjektiven.

Beispiel: *Ich bin Lehrerin an einem Gymnasium. Unsere Schule ist sehr modern und gepflegt.*

1) ....

2) ....

3) ....

Schreiben

Übung 6 Vergleichen Sie Ihre neue Arbeitsstelle mit Ihrer alten.

WORTIDEEN

Arbeitszeit: kürzer, länger, genauso lang … wie, Überstunden machen
Chef / Chefin: nett, kompetent, (un)freundlich, autoritär, launisch, nervös, gut / schlecht gelaunt, (un)höflich
Kollegen: (un)freundlich, (nicht sehr) hilfsbereit, (un)höflich, nett, (un)sympathisch
Arbeitsklima: gut, schlecht, (un)angenehm
Verdienst: mehr / weniger (verdienen), genauso viel verdienen wie …
Karrierechancen: gut, schlecht

Beispiel: *Bei meiner alten Arbeitsstelle musste ich viele Überstunden machen und das hat mir gar nicht gefallen. Jetzt verdiene ich zwar insgesamt etwas weniger, aber dafür habe ich mehr Freizeit. Mein Chef und die Kollegen im neuen Unternehmen sind auch sehr sympathisch und hilfsbereit. Deswegen macht mir meine neue Arbeit viel mehr Spaß als meine alte und ich bin sehr motiviert.*

1) ....
....
....

2) ....
....
....

3) ....
....
....

Übung 7 Groß- und Kleinschreibung

Markieren Sie im folgenden Text die Fehler. Insgesamt gibt es 10 Fehler (ohne das Beispiel).

Hallo Xenia,
Wie geht es Dir? Über deine mail habe ich mich wirklich gefreut. Du fragst, ob es bei mir etwas neues gibt und die Antwort ist ja. Ich habe Endlich einen neuen Arbeitsplatz gefunden. Die Kollegen sind nett und kommen aus vielen verschiedenen Ländern, zum beispiel aus Frankreich, Indien und Südafrika. Deswegen sprechen wir im Büro auch fast nur englisch. Das Arbeitsklima ist wirklich sehr Gut und die Bezahlung auch. Mein Chef ist sehr sympathisch und Kompetent. Aber natürlich gibt es auch ein Paar Nachteile. Ich muss manchmal Überstunden machen und der Weg zur Arbeit ist ziemlich lang, aber du weißt ja, wie gerne ich Karriere machen möchte. Deshalb akzeptiere ich Das. Schreib mir etwas über deine Arbeit.
Bis bald und liebe Grüße
dein Frank

Texte schreiben

TEXT 1

GI / ÖSD B1 Teil 3

► **Die Aufgabenstellung**

Sie können in der kommenden Woche nicht an einer Besprechung teilnehmen, da Sie sich schon länger für ein Fortbildungsseminar angemeldet haben. Informieren Sie Ihre Chefin Frau Lohmann darüber und schlagen Sie vor, dass ein Kollege an Ihrer Stelle an der Besprechung teilnimmt.

► **Ihre Wörtersammlung**

....

....

► **Ihre E-Mail an Frau Lohmann**

TEXT 2

GI / ÖSD B1 Teil 2

► **Die Aufgabenstellung**

HansSolo: Also, mal ganz ehrlich, Geld mit einem Ferienjob zu verdienen ist natürlich eine tolle Sache, aber meistens sind diese Jobs total langweilig und man ist froh, wenn sie vorbei sind. Außerdem arbeitet man sowieso ein ganzes Leben lang und ich frage mich, warum man schon als Schüler damit anfangen soll.

► **LÖSUNGSSCHRITTE**

1) wichtige Stichwörter: ....

2) Ihr Thema: ....

3) Ihre Wörtersammlung: ....

....

4) Ihre Argumente und Ihre Meinung: ....

....

► **Ihr Kommentar zu dem Thema**

ARBEIT UND BERUF

TEXT 3

GI / ÖSD B1 Teil 1

Sie haben sich bei einem Unternehmen erfolgreich um eine Stelle beworben und berichten einem Bekannten / einer Bekannten hiervon.

Gehen Sie auf die folgenden Punkte ein:

1 warum Sie Ihren Arbeitsplatz wechseln wollten

2 was Ihnen an Ihrem neuen Arbeitsplatz besonders gefällt

3 welche Tipps Sie Ihrem Bekannten / Ihrer Bekannten für eine erfolgreiche Bewerbung geben können

► Die Aufgabenstellung

Lesen Sie genau die Aufgabenstellung und vergessen Sie nicht, auf die folgenden Punkte zu achten:

☐ **Punkt 1:** Achten Sie darauf, einen Nebensatz mit „weil" oder einen mit „denn" eingeleiteten Hauptsatz zu verwenden und schreiben Sie im Perfekt.

☐ **Punkt 2:** Schreiben Sie im Präsens. Notieren Sie in der Wörtersammlung passende Verben und Adjektive.

☐ **Punkt 3:** Sie brauchen Redemittel, um Tipps zu formulieren.

► Ihre Wörtersammlung

Punkt 1 ....

....

....

Punkt 2 ....

....

....

Punkt 3 ....

....

....

► CHECKLISTE

☐ Anrede ☐ Einleitung und Punkte (1) bis (3) ☐ Schlusssatz, Gruß und Name

► Ihr Text

TEXT 4

Telc Zertifikat Deutsch B1

Ein Freund hat Ihnen die folgende E-Mail geschrieben.

Hallo ....,
wie geht es dir? Was machst du jetzt nach der Schule? Ich suche im Moment noch nach einem geeigneten Praktikumsplatz, bevor ich mein Wirtschaftsstudium im Oktober aufnehme. Ich weiß allerdings gar nicht, wo ich mich am besten bewerben soll, also bei einem kleinen oder bei einem großen Unternehmen. Außerdem möchte ich auch wirklich etwas lernen und nicht nur Kaffee kochen und Kopien machen. Hast du schon Erfahrungen mit Praktika?

Schreib mir doch!
Bis bald
dein Freund Dinos

► Die Aufgabenstellung

Antworten Sie Ihrem Freund.

Schreiben Sie in Ihrer E-Mail etwas zu den folgenden vier Punkten:

1. wie Sie Ihren Praktikumsplatz gefunden haben
2. worauf Ihr Freund unbedingt achten sollte
3. was Ihnen dort nicht gefallen hat
4. welche Berufspläne Sie haben

Bevor Sie die E-Mail schreiben, überlegen Sie sich eine passende Reihenfolge der Punkte, eine passende Einleitung und einen passenden Schluss. Vergessen Sie nicht Betreff und Anrede.

► CHECKLISTE

1) Reihenfolge der Punkte ☐ ☐ ☐ ☐

2) Betreff und Anrede, Einleitung und Schluss ☐

3) Ihre Wörtersammlung

Verben: ....

Adjektive: ....

Substantive: ....

Konjunktionen: ....

► Ihr Text

SCHULE UND AUSBILDUNG

Wortschatzarbeit: Lernen - wo und wie

Übung 1

A Finden Sie die folgenden Verben im Text und markieren Sie sie.

anmelden | aufpassen | beherrschen | besuchen | erklären | ~~gehen in~~ | sich konzentrieren | lernen | sich etwas merken | sein | studieren an

Lieber / Liebe ...,

wie geht es dir? Ich hoffe, gut! Du fragst mich, in welche Schule unser Sohn in diesem Jahr geht.

1) *Nun, wir haben Sami im Gymnasium angemeldet, weil er in der Grundschule in seiner Heimat immer ausgezeichnete Noten hatte und von mir auch schon etwas Deutsch gelernt hatte.*

2) *Er besucht in unserem Gymnasium ganz normal die siebte Klasse.*

3) *Außerdem ist er in einem speziellen Förderkurs für Deutsch, denn er beherrscht die Sprache noch nicht gut genug für sein Alter.*

4) *Sami lernt zum Glück sehr schnell und auch die Lehrer sagen, dass er sich deutsche Wörter und die Grammatik ohne Probleme merken kann.*

5) *Er passt im Unterricht auf und er kann sich gut konzentrieren.*

6) *Seine Lehrer und Lehrerinnen sind auch sehr hilfsbereit und können prima erklären.*

7) *Wir möchten natürlich, dass unser Sohn die besten Zukunftsperspektiven hat und dass er einmal an der Universität studieren kann.*

Und wie geht es euch? In welche Schule gehen eure Töchter?

Schreib mir bald!
Alles Liebe
deine Ranja

B Schreiben Sie den Brief nun aus der Perspektive von Sami. Schreiben Sie auch, wie er sich in seiner neuen Schule fühlt.

Hallo ......,

wie geht es dir. Du fragst in deiner letzten Mail, in welche Schule ich jetzt gehe.

Nun, ...

Übung 2 Die richtige Präposition

A Welche temporalen Präpositionen passen?

■ Beispiel: *Semester:* während des Semesters

1) Schulbeginn: ....

2) Ferien: ....

3) Unterricht: ....

4) Pause: ....

5) Kurs: ....

Tipp 1

wichtige temporale Präpositionen
bei + Dativ, in + Dativ / Akkusativ, vor + Dativ, nach + Dativ, während + Genitiv

B Welche lokalen Präpositionen passen?

■ Beispiel: *Direktor:* zum Direktor

1) Schule: ....

2) Klasse: ....

3) Institut: ....

4) Kurs: ....

5) Lehrer, Lehrerin: ....

6) Universität / Hochschule: ....

7) Bibliothek: ....

Tipp 2

wichtige lokale Pröpositionen
an + Dativ / Akkusativ, in + Dativ / Akkusativ, vor + Dativ, bei + Dativ, zu +Dativ

C Welche modalen Präpositionen passen?

■ Beispiel: *Studenten:* mit den Studenten

1) Schüler / Schülerin: ....

2) Lehrer / Lehrerin: ....

3) Teilnehmer / Teilnehmerin: ....

4) Methode: ....

5) Übung: ....

6) Aufgabe: ....

Tipp 3

wichtige modale Pröpositionen
mit + Dativ, durch + Akkusativ, ohne + Akkusativ, außer + Dativ

D Wählen Sie aus **A**, **B** und **C** jeweils zwei Substantive und formulieren Sie einen Satz. Schreiben Sie Ihren Satz im Präsens und im Perfekt bzw. Präteritum (Modalverben, HIlfsverben).

Beispiel: *Ich muss zum Direktor gehen, weil es auf dem Schulhof einen Streit gibt. Gestern musste ich zum Direktor gehen, weil es auf dem Schulhof einen Streit gegeben hat.*

1) ....

....

2) ....

....

3) ....

....

4) ....

....

5) ....

....

6) ....

....

Übung 3 Unterrichtsaktivitäten

Formulieren Sie die Sätze zu Ende und drücken Sie einen Gegensatz oder Ihre entgegengesetzte Meinung aus.

A In der Schule

Beispiel: *lernen*
Meine Eltern sagen immer, ich soll mehr für die Schule tun, aber *ich lerne wirklich genug.*

Tipp
Gegensätze ausdrücken
aber (0-Position) / trotzdem (Position 1) / obwohl (Nebensatz, Verb am Ende)

1) lesen

Am Freitag schreiben wir eine Deutscharbeit über einen Roman von Friedrich Dürrenmatt, trotzdem ....

....

2) malen

Es ist natürlich auch interessant, etwas über die Geschichte der Kunst und über verschiedene Künstler zu lernen, aber ....

3) notieren

Unsere Schulbücher sind ziemlich gut, trotzdem ....

....

4) zeichnen

Geometrie gefällt mir, obwohl ....

5) sich vorbereiten

Gestern haben wir einen Test geschrieben, aber ....

....

B Der Fremdsprachenunterricht

Tipp
Zeitverhältnisse durch Nebensätze ausdrücken
wenn, als, bevor, seitdem

Beispiel: *sprechen*
Seitdem ich mehr Deutsch spreche, verstehe ich die Deutschen auch besser.

1) wiederholen

Mein Wortschatz wird viel besser, wenn ....

....

2) zusammenfassen

Mein Lehrer sagt, dass man einen Text zunächst gut lesen muss, bevor ....

....

3) schreiben

Ich habe am Anfang auch viele Fehler gemacht, als ....

....

4) übersetzen

Ich verstehe Texte viel besser, seitdem ....

....

5) verstehen

Es hat ein bisschen gedauert, bevor ....

....

6) beginnen

Man sollte sich einen guten Lehrer suchen, wenn ....

....

Übung 4

A Bilden Sie mit den Adjektiven Sätze, die zum Thema Schule, Ausbildung und Fremdsprachen passen.

Beispiel: *perfekt:* Es ist nicht so schlimm, wenn man eine Fremdsprache nicht perfekt spricht.

1) fließend: ....

2) schnell: ....

3) schwierig: ....

4) einfach: ....

5) leicht: ....

B Korrigieren Sie die Sätze. Setzen Sie die Adjektive aus **A** sinngemäß korrekt ein.

Beispiel: *Eine Fremdsprache zu lernen, finde ich nicht ganz ~~fließend~~* einfach.

1) Besonders leicht .... ist es meiner Meinung nach, in der neuen Sprache zu kommunizieren. **2)** Viele Deutsche reden zum Beispiel sehr einfach .... oder sprechen einen Dialekt und man versteht nicht, was sie sagen. **3)** Natürlich dauert es auch viele Jahre, bis man eine Fremdsprache schwierig .... und schnell ....spricht. **4)** Wenn man sich aber ein bisschen anstrengt, ist es viel perfekter ...., sich in einer fremden Sprache zu verständigen, als man am Anfang glaubt.

Übung 5

A Markieren Sie 10 Fehler im Text (ohne das Beispiel).

Hallo Helga,
viele (Beispiel: Vielen) Dank für deine liebe E-Mail.
Du fragst mich, wie ich hier in Österreich mit die deutschen Sprache zurechtkomme. Nun, eigentlich es klappt ganz gut. Mit den Mitbewohner in meiner Wohngemeinschaft muss ich sowieso Deutsch sprechen. Das ist gut und sie helfen mich auch wirklich sehr. Im Deutschkurs in der Uni reden wir auch nur Deutsch, aber im wirklichen Leben gibt es manchmal Probleme, weil viele Leute sprechen nur Dialekt und ich verstehe sie nicht so gut. Aber ich mich anstrenge und versuche, über meine Fehler und über Missverständnisse zu lachen.
Außerdem ist Wien natürlich eine tolle Stadt und genieße ich mein Leben, die schönen Gebäude, das vielfältige Kulturprogramm und viele andere Dinge hier.
Du möchtest mich hier besuchen? Das wäre toll. Du kannst bei mir in der WG zu übernachten, denn in meinem Zimmer ist genug Platz.

Lass von dir hören!
Bis bald
Deine Ania

B Schreiben Sie die E-Mail noch einmal und verbessern Sie alle Fehler.

Hallo Helga,
vielen Dank für deine liebe E-Mail.
Du fragst mich, ...

Übung 6 Bilden Sie aus den Wörtern korrekte Sätze.

Verbinden Sie die Wörter so, dass ein oder zwei Sätze entstehen, also Hauptsatz, Hauptsatz und Hauptsatz oder Hauptsatz und Nebensatz.

> *Hallo ...,*
> Beispiel: *dir klar alles bei - und - wieder geht dir besser es?*
> alles klar bei dir und geht es dir wieder besser?

1) kurz Uni erzählen Ich vom dir Tag an ersten will der

....

2) ja leider warst krank Du – und – mitkommen konntest nicht

....

3) Also, - Veranstaltung gab Studenten Semester im es eine ersten für die

Also, ...

4) uns erklärt Dort man hat - Fächer Semester haben welche ersten im welche Prüfungen und wir

....

5) sehr Veranstaltung fand informativ Ich diese - bisschen Anfang ist am ein chaotisch denn alles

....

6) gemacht Führung Bibliothek Danach haben noch durch wir die eine

....

7) mir auch Das gefallen gut hat

....

8) Jetzt vorher unsicher wie so fühle ich nicht mehr mich

....

9) wir treffen Wochenende uns am Sollen ? - alles erkläre dir ich Dann

....

Liebe Grüße und gute Besserung

deine Alice

SCHULE UND AUSBILDUNG

Schreiben

Übung 7 Meine Prüfungsvorbereitung, meine Prüfung

Schreiben Sie einen kurzen Text darüber, wie Sie sich auf eine Fremdsprachenprüfung vorbereitet haben, ob Sie die Prüfung bestanden haben und wie Sie sich jetzt fühlen.

Beispiel:
Am Tag vor der Prüfung habe ich mir noch einmal die unregelmäßigen Verben angesehen.

Tipp 1
Zeitverhältnisse mit temporalen Präpositionen ausdrücken
vor, nach, seit, bis, ab

Tipp 2
Verwenden Sie in Ihrer Beschreibung mindestens **vier verschiedene Adjektive** (außer gut, schlecht (un)interessant) und **vier verschiedene Konjunktionen**

Beispiel:
1 *Unser Lehrer hat uns vor der Prüfung noch ein paar nützliche Tipps gegeben.* **2** *Ich habe auch die Vokabeln aus der ersten Zeit meines Deutschunterrichts wiederholt, denn manchmal vergisst man ganz einfache Wörter.*

► LEGEN SIE EINE WÖRTERSAMMLUNG AN.

Verben: *lernen, sich erinnern an + Akk, nachdenken über + Akk, wissen, machen, bekommen, sich vorbereiten auf + Akk, (nicht) bestanden haben, vergessen*
Substantive: *Wort, Antwort, Lösung, Note, Fehler, Ergebnis, Text*
Adjektive: *nützlich, schwierig, einfach, erleichtert, traurig, froh*

1) Beschreiben Sie, wann und wie Sie gelernt haben.

....

....

....

2) Beschreiben Sie, ob Sie die Prüfung bestanden haben.

....

....

....

3) Beschreiben Sie, wie Sie sich jetzt fühlen.

....

....

....

Texte schreiben

TEXT 1

GI / ÖSD B1 Teil 1

► Die Aufgabenstellung

Sie haben an einem Seminar mit dem Titel „Wie kann man Prüfungsstress bewältigen“ teilgenommen. Sie berichten einem Freund / einer Freundin, der / die leider nicht mitkommen konnte, von dem Seminar.

Gehen Sie auf die folgenden Punkte ein:

1 Wer hat an dem Seminar teilgenommen?

2 Welche Tipps und welches schriftliche Material haben Sie erhalten?

3 Schlagen Sie ein gemeinsames Treffen vor.

Lesen Sie genau die Aufgabenstellung. Vergessen Sie nicht, auf die folgenden Punkte zu achten:

☐ **Punkt 1:** Das Seminar ist vorbei, schreiben Sie im Perfekt.

☐ **Punkt 1 und 2:** Schreiben Sie mindestens zwei Sätze und einen Nebensatz. Verwenden Sie geeignete Konjunktionen.

☐ **Punkt 3:** Schreiben Sie im Präsens. Das gemeinsame Treffen muss einen Bezug zu dem Seminar haben.

► Ihre Wörtersammlung

Punkt 1 ....

....

Punkt 2 ....

....

Punkt 3 ....

....

► CHECKLISTE

Anrede ☐

Einleitung und Punkte (1) bis (3) ☐ ☐ ☐

Schlusssatz ☐, Gruß ☐ und Name ☐

► Ihr Text

SCHULE UND AUSBILDUNG

TEXT 2
GI / ÖSD B1 Teil 2

► **Die Aufgabenstellung**

Spasik007: Ich möchte einmal sagen, was ich von Schulnoten halte.
Es ist nicht so, dass ich schlechte Noten habe, denn ich lerne viel für unsere Klassenarbeiten und mache auch regelmäßig meine Hausaufgaben. Trotzdem glaube ich, dass die Noten nicht alle wichtigen Fähigkeiten eines Lernenden repräsentieren, wie zum Beispiel Kreativität oder Teamgeist. Außerdem lernen manche Menschen anders als die Lehrer glauben. Das Lernen und die Noten müssen deshalb meiner Meinung nach irgendwie individueller werden.

► **LÖSUNGSSCHRITTE**

1) wichtige Stichwörter: ....

2) Ihr Thema: ....

3) Ihre Wörtersammlung: ....

....

4) Ihre Argumente und Ihre Meinung: ....

....

► **Ihr Text**

TEXT 3
GI / ÖSD B1 Teil 3

► **Die Aufgabenstellung**

Sie sollen in der nächsten Deutschstunde einen mündlichen Vortrag halten. Leider können Sie an diesem Tag nicht zum Unterricht kommen. Informieren Sie Ihren Lehrer Herrn Paul. Erklären Sie, warum Sie nicht kommen können und bitten Sie um einen neuen Termin.

► **Ihre Wörtersammlung**

....

....

► **Ihr Text**

TEXT 4

Persönlicher Brief (TELC B1)

Ihre Freunde Jasina und Rafi leben mit ihren Kindern seit einem Jahr in Deutschland und haben Ihnen die folgende Mail geschrieben.

Lieber / Liebe...,

wie geht es dir? Was machst du so? Uns geht es gut. Ich schreibe dir heute auf Deutsch, um zu üben! Wir haben jetzt eine eigene kleine Wohnung. Die Kinder gehen hier in die Schule und in den Kindergarten. Rafi und ich besuchen jeden Tag einen Deutschkurs. Uff, Deutsch ist nicht so einfach. Besonders die Grammatik ist ein bisschen schwierig, denn alles ist anders als in unserer Muttersprache. Wir sind auch in einer Deutschlerngruppe bei Facebook und wir lernen sogar von unseren Kindern. Du sprichst ja schon gut Deutsch. Hast du ein paar Tipps für uns? Es ist uns wirklich wichtig, die Sprache gut zu lernen, damit wir hier bald Arbeit finden.

Alles Liebe
von mir und Rafi

► Die Aufgabenstellung

Antworten Sie auf die Mail Ihrer Freunde. Schreiben Sie etwas zu den folgenden vier Punkten.

1 wo Sie Deutsch gelernt haben

2 was Sie besonders schwierig finden

3 wer oder was Ihnen geholfen hat

4 welche weiteren Ratschläge Sie geben können

► CHECKLISTE

1) Reihenfolge der Punkte ☐ ☐ ☐ ☐

2) Betreff ☐ und Anrede ☐, Einleitung ☐ und Schluss ☐

3) Ihre Wörtersammlung

Verben: ....

Adjektive: ....

Substantive: ....

Konjunktionen: ....

► Ihr Text

Wortschatzarbeit: Kaufen und Einkaufen

Übung 1 Geschäfte in unserer Stadt

Gestalten Sie eine Fußgängerzone mit verschiedenen Geschäften.

WORTIDEEN

Supermarkt | Modeboutique | Kiosk | Bäcker | Metzger | Optiker | Buchhandlung | Schreibwarenladen | Kaufhaus | Schuhgeschäft | ~~Apotheke~~ | Blumenladen | Sportgeschäft | Café | Restaurant | Denkmal | Brunnen ...

KONSUM

das Rathaus

die Apotheke

Übung 2 Der Einkaufsbummel

A In dieser Mail gibt es - außer dem Beispiel - noch weitere 15 Fehler (Orthografie, Grammatik, Syntax). Finden Sie die Fehler und schreiben Sie die Mail dann noch einmal korrekt auf!

Hallo Antje,
schade, dass du gestern nicht (0) konntest ins Einkaufszentrum mitkommen. Es wahr zwar wahnsinnig voll, weil es im Moment so viele Sonderangebote gibt, aber ich habe mir endlich den schön Pulli gekauft, der ich schon so lange haben wollte. Wisst du noch, wir haben ihn im Schaufenster von meinem Lieblingsmodegeschäft geseht.
Das Geschäft war so voll, dass die verkäufer gar keine Zeit für die Kunden hatte. Ich habe mir den Pulli einfach aus das Regal genohmen und dann ich wollte zur Umkleidekabine gehen. Aber da war eine Schlange von mindestens zwanzig Kunden, die auch etwas anprobieren wollten. Also ich bin in die Kinderabteilung gegeht! Der Pulli steht mir total gut! An Kasse musste ich dann noch mal warten, aber das hat mir nicht gestört. Ich habe auch ein paar schöne Accessoires gesehen und zwar eine tolle Handtasche für jeden Tag und ausgefallenen Modeschmuck.
Beim nächstes Mal musst du aber unbedingt auch kommen.

Schreib mir!
Liebe Grüße
deine Eleni

Hallo Antje,
schade, dass du gestern nicht ins Einkaufszentrum mitkommen konntest ...

B Sie haben am vergangenen Samstag in der Fußgängerzone einen Einkaufsbummel unternommen. Beschreiben Sie einem Freund oder einer Freundin, was Sie alles gemacht haben. Schreiben Sie Ihren Text im Perfekt.

Tipp
Notieren Sie Verben im Perfekt, bevor Sie mit dem Schreiben anfangen

WORTIDEEN

kaufen | ansehen | anprobieren | umtauschen | brauchen | finden | aussuchen | bestellen | nehmen | trinken | essen | an der Reihe sein ...

► **Ihr Text** ....

KONSUM

Übung 3 Reisevorbereitungen

Sie werden dieses Jahr verschiedene Reisen unternehmen und wollen sich dafür die passende Kleidung kaufen. Notieren Sie, was Sie brauchen.

WORTIDEEN ADJEKTIVE

praktisch | warm | passend | regendicht | schön | modisch | gut | elegant | ausgefallen | sportlich | schick | luftig | leicht | bunt | seriös | jugendlich | einfarbig ...

Tipp
Adjektive machen Sätze interessanter

WORTIDEEN MATERIALIEN

aus Leder | aus Wolle | aus Baumwolle | aus Seide ...

Beispiel: *Skiurlaub in den Alpen*
Ich brauche noch einen warmen Skianzug, gute Skischuhe, einen schicken Anorak und dicke Handschuhe aus Wolle.

Reise 1: ein Wanderurlaub in den Osterferien

....

....

Reise 2: Strandurlaub in Südfrankreich

....

....

Reise 3: eine exklusive Kreuzfahrt

....

....

Reise 4: eine Städtereise nach Rom im Herbst

....

....

Reise 5: eine Safari in Botswana

....

....

Reise 6: eine Geschäftsreise nach Stockholm

....

....

Reise 7: ein Kreativurlaub auf dem Peleponnes im späten Frühjahr

....

....

Übung 4

Man fragt Sie, ob Sie lieber im Internet oder in gewöhnlichen Geschäften einkaufen.

Beispiel:
Also, ich kaufe lieber im Internet ein, denn ich habe gar nicht die Möglichkeit dazu, dorthin zu fahren, wo die Geschäfte sind, also in ein Einkaufszentrum oder in die Innenstadt.

Tipp 1

etwas beurteilen
besitzt Vorteile, Nachteile / lieber / auf keinen Fall / (gar nicht) die Möglichkeit haben / (un)praktisch / einfach / kompliziert / zeitsparend / zeitaufwendig

Tipp 2

Ähnlichkeiten und Unterschiede ausdrücken
der-, die-, dasselbe (wie) / ähnlich wie / genauso wie / anders als / verschieden sein / etwas ganz anderes sein / große, keine, fast gar keine Unterschiede sehen

Beispiel:
In einem Geschäft oder im Internet einkaufen? Ich finde, das ist fast dasselbe.

WORTIDEEN TEXTANFANG

Also, ich finde … / Internet oder „normale" Geschäfte? Meiner Ansicht nach … / Ich muss ganz ehrlich sagen, dass ich am liebsten … / Wo ich lieber einkaufe? Klar hat … Vorteile, aber ich … trotzdem

Notieren Sie Ihre Meinung.

....

....

....

Übung 5

Sie sollen für verschiedene Anlässe Geschenke einkaufen. Beschreiben Sie zunächst den Zweck des Geschenks und nennen Sie dann Beispiele.

Beispiel: *ein Hochzeitsgeschenk*
Ich schenke meinen Freunden etwas Nützliches für die Küche, zum Beispiel einen Wok oder eine Küchenmaschine.

Tipp

EINEN ZWECK BESCHREIBEN:
etwas, um ... zu... : zu + Infinitiv
etwas (...) zum ... : zum + substantiviertes Verb
etwas (...) für ... : für + bestimmter Artikel + Substantiv

1) zur Geburt eines Kindes

....

....

2) anlässlich der Einladung zu einer Party

....

3) für einen Freund, der einen Studienplatz bekommen hat

....

4) zum Einzug eines Freundes oder einer Freundin in eine neue Wohnung, die noch renoviert werden muss

....

Übung 6 Klug einkaufen

Formulieren und begründen Sie Tipps, wie man günstig und gut einkaufen kann.

Beispiele zum **Tipp**
(1) Man sollte nie hungrig in den Supermarkt gehen.
(2) Ich denke, eine gute Idee ist, nie hungrig in den Supermarkt zu gehen.
(3) Man könnte auch einen Apfel essen, bevor man in den Supermarkt geht.

Tipp
allgemeine Ratschläge geben:
Man sollte ...
Ich denke, eine gute Idee ist, ...
Man könnte auch ...

WORTIDEEN

Preise vergleichen | nicht immer Markenkleidung kaufen | nicht immer das neueste Modell kaufen | im Schlussverkauf einkaufen | genau überlegen, was man braucht | ~~eine Einkaufsliste machen~~

Beispiel: *Man sollte sich immer eine Einkaufsliste machen, denn dann kauft man nicht mehr als man braucht.*

1) ....
....

2) ....
....

3) ....
....

Schreiben

Übung 7 Das neue Einkaufszentrum

Informieren Sie einen Freund oder eine Freundin über ein neues Einkaufszentrum. Machen Sie sich zunächst einige Notizen zu den folgenden Punkten:

Beispiel: *Ort: im Stadtzentrum / am Stadtrand ...*

Öffnungszeiten: ....

Anfahrt und Parkplatz: ....

Welche Geschäfte: ....

Essen und Freizeitmöglichkeiten: ....

Schreiben Sie jetzt einen kurzen Text:

Hallo ....,
weißt du schon, dass ...

Wortschatzarbeit und Schreiben

Übung 8 Interjektionen

Sie haben gerade Ihr eigenes kleines Geschäft eröffnet und haben viel zu tun. Sie schreiben einem Freund oder einer Freundin von Ihren Erlebnissen. Schreiben Sie zu jedem Ausrufewort auch einen eigenen Satz.

Beispiel: Jemand hat von Ihnen etwas verlangt und Sie finden das übertrieben:
Wie bitte?! *Jetzt soll ich ihm zwanzig verschiedene T-Shirts zeigen, damit er sie dann im Internet kauft!*
Ihr Satz: Wie bitte?! Er wollte das T-Shirt in Ruhe zu Hause anprobieren!

1) Etwas Unangenehmes ist passiert, das Sie nicht erwartet haben und das sie ein bisschen erschreckt: Der Nachbar hat gesagt, dass er die Polizei ruft, wenn ich noch einmal in der Mittagszeit mit lauten Werkzeugen arbeite. ***Oje!*** Ich musste die Regale aber aufbauen.

Ihr Satz: ....

2) Sie ärgern sich über etwas: Die Leute, die die Regale gebracht haben, haben schmutzige Schuhe getragen. ***So ein Mist!*** Ich musste den Boden noch einmal wischen.

Ihr Satz: ....

3) Sie haben sich vor etwas geekelt: ***Pfui!*** Eine dicke fette Spinne!

Ihr Satz: ....

4) Sie haben sich wehgetan: Und dann habe ich mir noch mit dem Hammer auf den Finger gehauen. ***Autsch!*** Das hat wehgetan!

Ihr Satz: ....

5) Sie sind mit einer Meinung nicht einverstanden, möchten aber nicht darüber diskutieren: Karli meint, ich soll am Sonntag ausruhen. ***Na ja,*** er weiß ja nicht, wie viel Arbeit ich habe.

Ihr Satz: ....

6) Sie sind erstaunt: Ich wollte ja nur ein ganz kleines Geschäft eröffnen. ***Mannomann,*** das war viel mehr Arbeit als ich erwartet hatte.

Ihr Satz: ....

7) Sie sind überrascht, zweifeln aber auch ein bisschen: Plötzlich ist der Nachbar in den Laden gekommen und hat gemeint, dass wir bestimmt gute Freunde werden. ***Soso,*** das soll ich ihm jetzt glauben.

Ihr Satz: ....

8) Sie haben etwas Anstrengendes getan: Kisten schleppen, Kisten ausräumen, Kisten zum Recyclen bringen ... ***Uff,*** das war vielleicht anstrengend!

Ihr Satz: ....

9) Sie zögern ein wenig, haben Bedenken oder sind vielleicht sogar resigniert: Karli hat auch noch gesagt, dass das Schaufenster besser dekoriert werden muss. ***Tja,*** wahrscheinlich hat er Recht.

Ihr Satz: ....

10) Sie sind zufrieden mit etwas und fühlen sich bestätigt: Jetzt funktioniert wirklich alles. ***Na also,*** geht doch!

Ihr Satz: ....

KONSUM

Übung 9 Das eigene kleine Geschäft

Was mussten Sie in den folgenden Situationen tun? Wählen Sie die passenden Wörter.

Bestellung machen | dekorieren | die Umkleidekabine zeigen | entgegennehmen | in die Regale einordnen | gründlich sauber machen | renovieren | zeigen | zurückerstatten

Beispiel: *Ein Kunde wollte bestimmte Waren sehen.*
Ich habe ihm die Waren gezeigt.

1) Ein Kunde wollte ein Produkt bestellen:

....

2) Ein Kunde wollte etwas umtauschen:

....

3) Ein Kunde wollte etwas anprobieren:

....

4) Das Geschäft hat neue Waren erhalten:

....

5) Das Schaufenster war noch leer:

....

6) Die Geschäftsräume waren in keinem guten Zustand:

....

Übung 10

Schreiben Sie nun einen Blogbeitrag über Ihre neuen Erfahrungen als Geschäftsinhaber / Geschäftsinhaberin. Beschreiben Sie auch, wie Sie sich gefühlt haben.

Tipp

Ausrufewörter (Interjektionen): Ein oder zwei Ausrufewörter in einer persönlichen Mail oder einem Chatbeitrag machen den Text lebendiger!

....

Texte schreiben

TEXT 1

GI / ÖSD B1 Teil 1

► Die Aufgabenstellung

Sie haben an einer Informationsveranstaltung mit dem Titel „Einkaufen im Internet, Vor- und Nachteile, Käuferrechte" teilgenommen. Sie berichten einem Freund / einer Freundin, der / die leider nicht mitkommen konnte, von dem Seminar.

Gehen Sie auf die folgenden Punkte ein:

1 Welche Informationen haben Sie erhalten?

2 Was hat Ihnen an der Veranstaltung besonders gefallen?

3 Schlagen Sie vor, sich mit Ihrem Freund / Ihrer Freundin zu treffen.

Lesen Sie genau die Aufgabenstellung und vergessen Sie nicht, auf die folgenden Punkte zu achten:

☐ **Punkt 1:** Das Seminar ist vorbei, schreiben Sie im Perfekt.

☐ **Punkt 2:** Notieren Sie in der Wörtersammlung die passenden Verben im Perfekt.

☐ **Punkt 3:** Schreiben Sie im Präsens. Das gemeinsame Treffen muss einen Bezug zu der Veranstaltung haben, die Sie besucht haben.

► Ihre Wörtersammlung

Punkt 1 ....

....

Punkt 2 ....

....

Punkt 3 ....

....

► CHECKLISTE

Anrede ☐

Einleitung und Punkte (1) bis (3) ☐ ☐ ☐

Schlusssatz ☐, Gruß ☐ und Name ☐

► Ihr Text

KONSUM

TEXT 2

Telc Zertifikat Deutsch B1

Ihr Freund Marcel hat Ihnen die folgende Mail geschrieben.

Lieber / Liebe...,

wie geht es dir? Was machst du so? Wir haben ja schon länger nichts mehr voneinander gehört. Deshalb weißt du auch nicht, dass ich meinen Lebensstil ein wenig geändert habe. Früher habe ich ja immer, wenn ich Stress hatte, Sachen eingekauft, also eine „Shoppingtherapie" gemacht. Bis meine Freundin mir gesagt hat, wie blöd sie es findet, sich tausend Dinge zu kaufen, die man eigentlich gar nicht braucht, und dafür auch noch viel Geld zu bezahlen. Natürlich gehe ich immer noch gerne einkaufen, aber jetzt kaufe ich weniger und ich achte mehr auf die Qualität. Das heißt, ich kaufe mir einen guten Pullover statt drei Pullis von schlechter Qualität. Und auch bei der Ernährung habe ich mein Verhalten geändert. Jetzt gehe ich öfter in den Bioladen und informiere mich auch mehr über gesunde Lebensmittel. Wie ist das bei dir? Ich freue mich darauf, bald von dir zu hören!

Alles Liebe
dein Marcel

► Die Aufgabenstellung

Schreiben Sie an Ihren Freund. Schreiben Sie etwas zu den folgenden Punkten:

1. was Sie von einer „Shoppingtherapie" halten
2. wofür Sie gerne Geld ausgeben
3. worauf Sie beim Einkaufen achten
4. was Sie in Stresssituationen tun

► CHECKLISTE

1) Reihenfolge der Punkte ☐ ☐ ☐ ☐

2) Betreff ☐ und Anrede ☐, Einleitung ☐ und Schluss ☐

3) Ihre Wörtersammlung

Verben: ....

Adjektive: ....

Substantive: ....

Konjunktionen: ....

► Ihr Text

TEXT 3

GI / ÖSD B1 Teil 2

► Die Aufgabenstellung

Ariell: Kennt ihr das auch? Mein Smartphone ist zwei Jahre alt und ich muss mir die doofen Kommentare meiner Mitmenschen anhören. „Warum kaufst du dir kein neues Handy" oder „Meine Oma hat dasselbe Modell wie du". Dabei funktioniert mein Telefon problemlos. Ich möchte wirklich einmal wissen, warum es so wichtig ist, sich jedes Jahr ein neues teures Smartphone zu kaufen. Außerdem weiß man doch, dass die Produktion von Smartphones nicht gerade umweltfreundlich ist und dass viele Menschen und sogar Kinder hierfür unter ganz schlechten Bedingungen arbeiten müssen. Nichts gegen Smartphones, aber es ist doch Wahnsinn, sich jedes Jahr mindestens ein neues Modell zu kaufen.

► LÖSUNGSSCHRITTE

1) wichtige Stichwörter: ....

2) Ihr Thema: ....

3) Ihre Wörtersammlung: ....

....

4) Ihre Argumente und Ihre Meinung: ....

....

► Ihr Kommentar zum Thema

TEXT 4

GI / ÖSD B1 Teil 3

► Die Aufgabenstellung

Sie haben nächste Woche einen Termin bei einer Modelagentur, können aber leider aus familiären Gründen nicht kommen. Informieren Sie die Agentur hierüber und bitten Sie um einen neuen Termin.

► Ihre Wörtersammlung

....

....

....

► Ihr Text

Wortschatzarbeit: Natur

Übung 1 Blumen und Pflanzen

A Notieren Sie die Substantive mit ihrem Artikel und dem Plural (außer Wort 10).

■ Beispiel: *INIEP: die Pinie, die Pinien*

1) FLEZNAP: .... **2)** RAGS: ....

3) TATLB: .... **4)** TLÜBE: ....

5) BUMA: .... **6)** BLEUM: ....

7) DALW: .... **8)** SEIWE: ....

9) SCHUB: .... **10)** ERED: ....

B Ordnen Sie den Substantiven aus **A** passende Adjektive zu und bilden Sie Sätze.

WORTIDEEN ADJEKTIVE

bunt | dicht | duftend | dunkel | feucht | groß | grün | hoch | klein | schattig | sonnig | weich | wild ...

WORTIDEEN VERBEN

sich erinnern | laufen | schlendern | lieben | fotografieren | bewundern | sich legen | riechen | gehen ...

■ Beispiel: *Ich erinnere mich an die duftenden Pinien.*

....

....

....

Übung 2 Landschaftsmerkmale

A Ordnen Sie den Angaben (Größe, Höhe, Gewicht, Länge) nach.

■ Beispiel: *von groß nach klein: Stadt | Dorf | Metropole: die Metropole ▶ die Stadt ▶ das Dorf*

1) von klein nach groß: der Fluss | der Bach | der Strom

.... ▶ .... ▶ ....

2) von hoch nach flach: die Ebene | der Berg | der Hügel

.... ▶ .... ▶ ....

3) von leicht nach schwer: der Felsblock | der Kiesel | der Stein

.... ▶ .... ▶ ....

4) von groß nach klein: der Teich | der See | das Meer

.... ▶ .... ▶ ....

5) von kurz nach lang: das Ufer | der Strand | die Küste

.... ▶ .... ▶ ....

B Ordnen Sie den Substantiven aus **A** passende Adjektive zu und bilden Sie Sätze.

■ Beispiel: *Durch die Stadt fließt ein breiter Strom.*

WORTIDEEN

breit | groß | hoch | klein | kühl | lang | schattig | steil | steinig | tief | felsig ...

....

....

....

....

....

Übung 3 Das Wetter

A Setzen Sie die passenden Substantive ein.

Beispiel: *Die Sonne brennt, es ist heiß: die Hitze*

~~die Hitze~~ | die Temperatur | der Schnee | das Gewitter | der Regen | der Wind | das Wetter | der Nebel | das Eis | die Wolke, Wolken

1) Es ist bewölkt, am Himmel ziehen .... vorbei.

2) Es ist neblig, man kann nicht weit sehen: ....

3) Es ist windig, es bläst ein heftiger / schwacher ....

4) Es regnet, man wird nass: ....

5) Man sieht Blitze und hört den Donner: ....

6) Alles ist weiß, es hat geschneit: ....

7) Es ist glatt und rutschig: ....

8) Es sind 15 Grad: ....

9) Es ist gut oder schlecht, manchmal auch warm oder regnerisch: ....

B Setzen Sie die passenden Adjektive ein.

Beispiel: *Es hat seit Monaten nicht geregnet. So ein trockenes Wetter ist nicht gut für die Natur.*

~~trocken~~ | blau | feucht | angenehm | kühl | heiß

1) In der Nacht hat es geregnet, es ist .... draußen.

2) Nicht zu warm und nicht zu kalt, heute ist das Wetter wirklich sehr ....

3) Da, wo ich herkomme, scheint fast das ganze Jahr die Sonne und es ist tagsüber sehr ....

4) Die Sonne strahlt und der .... Himmel sorgt für gute Laune.

5) Die Temperatur ist gefallen. Draußen ist es etwas ....

UMWELT UND VERKEHR

Übung 4 Tiere

Ordnen Sie den verschiedenen Tieren passende Verben zu. Finden Sie weitere Verben.

blöken | fliegen | fressen | gackern | grasen | meckern | muhen | schwimmen | stechen

der Vogel, Vögel ....
die Fliege, Fliegen ....
das Insekt, Insekten ....
der Fisch, Fische ....
die Mücke, Mücken ....
das Schaf, Schafe ....
das Huhn, Hühner ....
das Pferd, Pferde ....
die Kuh, Kühe ....
das Rind, Rinder ....
die Ziege, Ziegen ....

Schreiben

Übung 5 Müll überall

Die Leute respektieren die Umwelt nicht. Beschreiben Sie, wo die folgenden Dinge liegen.

Beispiel: *die Plastikflasche: Ein paar Plastikflaschen liegen neben einem alten Baum.*

Tipp
Mengen angeben
einige | mehrere | ein paar | ziemlich viele | eine ganze Menge | ein Paar

1) die Plastiktüte: ....
2) der Grillabfall: ....
3) die Zigarettenkippe: ....
4) der Müll: ....
5) alte Schuhe: ....
6) Scherben: ....
7) die Getränkedose: ....
8) der Karton: ....
9) alte Reifen: ....

Übung 6 Landschaften und Orte beschreiben

„Zeigen“ Sie durch Worte, was Sie sich vorstellen.

Beispiel: *Mein Wald*

Im Wald ist es ein bisschen dunkel. Heute ist ein heißer Sommertag, aber hier im Wald ist es angenehm kühl. Unter den hohen Bäumen wachsen dichte Büsche und auch ein paar Blumen. Es riecht nach Erde und nach den Blumen. Ich höre einen Bach in der Nähe. Plötzlich fliegt ein großer schwarzer Vogel von einem Baum zum anderen und erschreckt mich. Dann ist wieder alles ruhig.

1) Ein Tag in der Natur Ihres Heimatlandes

....

....

....

2) Eine Wiese bei Sonnenschein

....

....

....

3) Eine Berglandschaft im Winter

....

....

....

4) Ein Inselstrand im Sommer

....

....

....

Übung 7 Mein Park

A Planen Sie einen Park. Wählen Sie und platzieren Sie Dinge in Ihrem Park.

WORTIDEEN

Spielplatz | Café | Teich | Blumenbeet | Hundewiese | Bank | Enten | Bäume | ~~Eingang~~ | Fitnessgeräte | Abfalleimer | Recyclingcontainer | Kiosk | Reitweg | Fische | Kräuter | Skulptur | Uhr ...

Eingang

B Beschreiben Sie, was Sie in Ihrem Park sehen.

In meinem Park ...

UMWELT UND VERKEHR

Übung 8 Mein Garten

Sie wohnen jetzt mit ein paar Freunden / mit Ihrer Familie in einem alten Haus mit einem großen, aber ungepflegten Garten. Beschreiben Sie, wie Sie den Garten gestalten wollen und wer wahrscheinlich welche Aufgabe übernehmen wird.

Tipp 1
Futur 1 für Pläne und Prognosen:
werden + Infinitiv

Tipp 2
Wahrscheinlichkeiten ausdrücken
auf jeden Fall | bestimmt | wahrscheinlich | ganz sicher | mit ziemlicher Sicherheit

Beispiel: *Mein Bruder wird wahrscheinlich ein paar Obstbäume pflanzen.*

WORTIDEEN VERBEN

pflanzen | kaufen | anlegen | gießen | schneiden | bauen | säen ...

WORTIDEEN SUBSTANTIVE

Pflanze | Gemüse | Busch | Baum | Zaun | Weg | Blume | Tanne | ~~Obstbaum~~ | Gras ...

1) ....
2) ....
3) ....
4) ....
5) ....

Wortschatzarbeit: Verkehr und Verkehrsmittel

Übung 9

A Welche Fortbewegungsmittel gibt es eher auf dem Land, welche eher in der Stadt, welche an beiden Orten?

~~Bus~~ | Zug | ~~Intercity~~ | Straßenbahn | S-Bahn | U-Bahn | Taxi | Flugzeug | Überlandbus | Auto | Fahrrad | Motorrad | zu Fuß gehen

EHER IN DER STADT	EHER AUF DEM LAND
Intercity, Bus	*Bus*
....	....
....	....
....	....

B Wann benutzen Sie welches Fortbewegungsmittel? Denken Sie sich fünf verschiedene Situationen aus.

> Beispiel: *Wenn ich viele Dinge einkaufen muss, benutze ich mein Auto, denn es hat einen großen Kofferraum.*

Tipp

Nebensätze und Verbindungsadverbien benutzen:
wenn / weil / darum / deswegen / trotzdem / dann

1) ....

2) ....

3) ....

4) ....

5) ....

C Ordnen Sie die Verben den Definitionen zu und ergänzen Sie dann die Sätze.

aussteigen / einsteigen / umsteigen

in ein Fahrzeug steigen: ....

ein Fahrzeug verlassen: ....

von einem öffentlichen Verkehrsmittel in ein anderes wechseln: ....

1) In Frankfurt mussten wir in den IC 245 nach Stuttgart ...., der zum Glück am selben Bahnsteig abfuhr.

2) Aus dem kleinen Auto .... nach und nach sechs Personen ....

3) .... schon mal in den Wagen ...., ich komme sofort nach.

Schreiben

Übung 10 Die erste Fahrstunde

Notieren Sie, was Ihnen der Fahrlehrer alles gesagt hat.

WORTIDEEN

anhalten | anschnallen | bremsen | ~~in den Spiegel schauen~~ | parken | stehen bleiben | überholen ...

Tipp

Benutzen Sie die Modalverben sollen, müssen und nicht dürfen

■ Beispiel: *Er hat gesagt, dass ich immer in den Spiegel schauen muss, bevor ich losfahre.*

Er hat gesagt, ...

....

....

....

....

Übung 11 Am Hafen

Sie spazieren durch einen Hafen und machen ein Video, das Sie einem Freund bzw. einer Freundin schicken wollen. Was kann man auf Ihrem Video sehen?

WORTIDEEN SUBSTANTIVE

Schiff | Yacht | Boot | Fähre | Kreuzfahrtschiff | Segelboot | Fischerboot | Möwe | Kai | Passagier | Koffer | Frachtschiff ...

WORTIDEEN ADJEKTIVE

luxuriös | riesig | groß | lang | elegant | bunt | schön | alt | kaputt | beschädigt ...

Tipp

Benutzen Sie Adverbien des Ortes

daneben, davor, dahinter, darüber, links, rechts, überall, vorne, hinten

Beispiel: *Das Erste, was du sehen kannst, ist ein altes beschädigtes Frachtschiff ganz links. Es liegt da allein und es sieht aus, als wäre die Zeit stehen geblieben.*

....

....

....

....

....

....

....

....

....

Übung 12 Eine Zugfahrt

Sie sind mit dem Zug von einer Stadt zur anderen gefahren. Beschreiben Sie, was Sie gesehen haben (Städte, Dörfer, Landschaften). Beschreiben Sie, was Ihnen auf der Fahrt besonders gefallen hat.

....

....

....

....

....

Texte schreiben

TEXT 1

GI / ÖSD B1 Teil 1

► Die Aufgabenstellung

Sie sind mit dem Zug in die Schweiz gefahren, um einen Verwandten / eine Verwandte zu besuchen, der / die dort studiert. Berichten Sie einem Freund / einer Freundin in einer E-Mail von Ihrer Reise.

Gehen Sie auf die folgenden Punkte ein:

1. Was haben Sie auf der Zugfahrt alles erlebt?
2. Wo haben Sie Ihren Verwandten / Ihre Verwandte getroffen und was haben Sie miteinander unternommen?
3. Schlagen Sie Ihrem Freund / Ihrer Freundin ein Treffen vor, um ihm / ihr ein Souvenir zu geben.

Lesen Sie genau die Aufgabenstellung und vergessen Sie nicht, auf die folgenden Punkte zu achten:

☐ **Punkt 1:** Die Zugfahrt ist vorbei, schreiben Sie im Perfekt.

☐ **Punkt 2:** Notieren Sie in der Wörtersammlung die passenden Verben im Perfekt, Präpositionen und Orte.

☐ **Punkt 3:** Schreiben Sie im Präsens. Überlegen Sie sich, was Sie Ihrem Freund bzw. Ihrer Freundin als Souvenir mitgebracht haben.

► Ihre Wörtersammlung

Punkt 1 ....

....

Punkt 2 ....

....

Punkt 3 ....

....

► CHECKLISTE

Anrede ☐

Einleitung und Punkte (1) bis (3) ☐ ☐ ☐

Schlusssatz ☐, Gruß ☐ und Name ☐

► Ihr Text

UMWELT UND VERKEHR

TEXT 2

Telc Zertifikat Deutsch B1

Ihr Freund Frank hat Ihnen die folgende Mail geschrieben.

Liebe ... / Lieber ...,

vielen Dank für eure liebe Einladung. Natürlich komme ich gerne für zwei Wochen zu euch! Könntest du mir bitte beschreiben, wo euer Ferienhaus liegt und wie ich am besten dorthin komme. Soll ich den Zug nehmen, vielleicht sogar fliegen oder soll ich mit dem Auto kommen, auch wenn das ein bisschen anstrengend ist? Könntest du mich am Bahnhof oder am Flughafen abholen? Oder sollen wir uns, wenn ich mit dem Auto komme, in einer Stadt in der Nähe treffen? Schreib mir bitte bald, damit ich die nötigen Vorbereitungen treffen kann.

Alles Liebe
dein Frank

► Die Aufgabenstellung

Schreiben Sie an Ihren Freund. Schreiben Sie etwas zu den folgenden Punkten:

1 ob Sie ihn abholen können

2 wie Ihr Freund am besten zu Ihnen kommt

3 wo und wie liegt das Ferienhaus

4 was Ihr Freund unbedingt mitbringen soll

► CHECKLISTE

1) Reihenfolge der Punkte ☐ ☐ ☐ ☐

2) Betreff ☐ und Anrede ☐, Einleitung ☐ und Schluss ☐

3) Ihre Wörtersammlung

Verben: ....

Adjektive: ....

Substantive: ....

Konjunktionen: ....

► Ihr Text

TEXT 3

GI / ÖSD B1 Teil 2

► Die Aufgabenstellung

Grün2018: Ich glaube wirklich, dass wir etwas gegen den Klimawandel und noch viel mehr für den Umweltschutz tun müssen. Wir haben doch alle bemerkt, dass das Wetter nicht mehr so ist wie früher, und trotzdem ändern wir unser Verhalten nicht.

Schreiben Sie nun Ihre Meinung.

► LÖSUNGSSCHRITTE

1) wichtige Stichwörter: ....

2) Ihr Thema: ....

3) Ihre Wörtersammlung: ....

....

4) Ihre Argumente und Ihre Meinung: ....

....

► Ihr Text

TEXT 4

GI / ÖSD B1 Teil 3

► Die Aufgabenstellung

Sie haben morgen früh einen Termin bei Ihrem Zahnarzt. Wegen eines Streiks im öffentlichen Nahverkehr können Sie aber erst am Nachmittag in die Praxis von Doktor Klaus kommen. Schreiben Sie Ihrem Zahnarzt eine E-Mail, entschuldigen Sie sich dafür, dass Sie den Termin nicht einhalten können und bitten Sie höflich um einen neuen Termin.

► Ihre Wörtersammlung

....

....

....

► Ihr Text

KÖRPER UND GESUNDHEIT

Wortschatzarbeit: Unser Körper

Übung 1 Ordnen Sie die Körperteile den Kategorien zu. Notieren Sie auch den bestimmten Artikel.

Hals | Rücken | Bauch | ~~Hand~~ | Finger | Fuß | Knie | Gesicht | Auge | Nase | Mund | Ohr | Zahn | Haare | Magen | Herz | Lunge | Leber | Haut | Blut | Zeh | Nerven | Muskeln | Gehirn

KOPF ....

....

INNERE ORGANE ....

....

BEIN ....

....

ARM *die Hand* ....

....

KÖRPER ALLGEMEIN ....

....

Übung 2 **A** Welchen Körperteil braucht man, um die folgenden Dinge zu tun?

■ Beispiel: *hören: das Ohr, die Ohren*

1) sehen: .... **2)** denken: ....

3) lesen: .... **4)** anfassen und spüren: ....

5) riechen: .... **6)** schmecken: ....

7) essen und trinken: .... **8)** schreiben: ....

9) laufen: .... **10)** sprechen: ....

B Was kann man mit den folgenden Körperteilen alles tun?

~~beobachten~~ | erkennen | aufpassen | schauen | berühren | heben | winken | rennen | laufen | springen | küssen | singen | zeigen

AUGE *beobachten*

....

MUND ....

HÄNDE ....

BEINE ....

Übung 3

A Wie reagiert der Körper? Notieren Sie die Sätze im Perfekt bzw. im Präteritum.

Beispiel: *(kalt sein / frieren) Am nächsten Tag hat es geschneit und ich hatte keinen warmen Pullover dabei.* Mir war wirklich sehr kalt und ich habe gefroren.

1) *(weh tun / Fuß)* Wir sind den ganzen Tag durch die Stadt gelaufen. Am Abend ....
....

2) *(schlecht sein / weh tun / Magen)* Jannis hat viel zu viele Tortenstücke gegessen. Danach ....
....

3) *(weh tun / Rücken)* Unsere Freunde haben die schweren Umzugskartons und Möbelstücke ganz allein getragen. Am anderen Tag ....

4) *(hungrig sein / durstig sein)* Sie hatten den ganzen Tag nichts gegessen und getrunken. Darum ....
....

5) *(Augen schmerzen / Kopf weh tun, nervös sein)* Ich habe während der vergangenen Woche nur für die Prüfung gelernt und hatte totalen Stress. Danach ....
....

6) *(Ohren / weh tun)* Unsere Nachbarn hören ständig viel zu laute Musik. Kein Wunder, dass ....
....

7) *(weh tun / Hand)* Silke hat gestern stundenlang mit ihrem Smartphone gespielt. Heute beschwert sie sich darüber, ...

8) *(warm sein / schwitzen)* Ich habe zum ersten Mal Sommerurlaub am Mittelmeer gemacht. Uff! ....
....

Übung 4

Körperpflege

Wie pflegt man seinen Körper richtig? Formulieren Sie Sätze.

sich kämmen oder bürsten | ~~sich die Zähne putzen~~ | sich duschen | zum Friseur gehen | sich die Hände waschen | sich die Hände eincremen | sich das Gesicht waschen | sich die Haare waschen | sich rasieren | die Haut pflegen

mehrmals am Tag | jeden Tag | mehrmals in der Woche | jede Woche | mehrmals im Monat | jeden Monat

Beispiel: Man muss sich mehrmals am Tag die Zähne putzen und zwar auf jeden Fall nach jedem Essen.

1) ....
....

2) ....
....

3) ....
....

4) ....
....

5) ....
....

Schreiben

Übung 5 Gesunder Schlaf

A Denken Sie über die Gründe für Schlafstörungen nach und geben Sie Ratschläge, was man besser machen könnte.

Tipp 1

„ZU", „SEHR", „VIEL" UND „SEHR VIEL"

zu etwas existiert in hohem oder geringem Maß und wir akzeptieren das nicht oder es gefällt uns nicht:

Beispiel: *Gestern war es zu kalt, um einen Spaziergang zu machen.*

sehr - steht vor einem Adjektiv:

Beispiel: *Die Tipps zum Abnehmen sind sehr nützlich.*

- verstärkt die Intensität einer Handlung:

Beispiel: *Die Gymnastikübungen helfen mir wirklich sehr! Die Teilnahme an dem Yoga-Kurs hat mir sehr gutgetan.*

viel bezieht sich auf die Quantität, also wenn man etwas wiederholt und lange bzw. ausdauernd tut

Beispiel: *Er geht viel zu Fuß, um sich mehr zu bewegen und fit zu bleiben.*

sehr viel bezieht sich auf eine noch größere Menge als „viel":

Beispiel: *An diesem Abend haben wir sehr viel gelacht.*

Tipp 2

ÜBER URSACHEN NACHDENKEN

vielleicht / möglicherweise / eventuell
Kann es sein, dass ...
Hast du schon mal darüber nachgedacht, ob ...

WORTIDEEN

~~helles Schlafzimmer~~ | Stress in der Schule / im Beruf / in der Beziehung / in der Familie | Streit mit Freunden | nervös und abgespannt sein | laut sein | lange fernsehen | lange am Computer arbeiten | am Abend Sport treiben | spät ins Bett gehen | ...

Beispiel: *Vielleicht ist es in deinem Schlafzimmer zu hell. Dann solltest du die Vorhänge zuziehen.*

1) ....

....

2) ....

....

3) ....

....

4) ....

....

B Beschreiben Sie, was Sie für einen gesunden Schlaf tun.

....

....

....

....

Übung 6 Verletzungen: Wie konnte das passieren?

Beschreiben Sie in wenigen Sätzen, wo und wie Sie sich verletzt haben und welche Verletzung Sie erlitten haben.

WORTIDEEN

WO? + WANN?	WIE?	WELCHE VERLETZUNG?
beim Sport / beim Reiten, Tennis, Fußball, Volleyball, … / beim Saubermachen / bei der Gartenarbeit / in der Schule / bei einem Spaziergang / beim Joggen / …	sich aufwärmen / hinfallen / von der Leiter, vom Stuhl fallen / die Treppe hinunterfallen / sich den Fuß umknicken / über etwas stolpern …	sich den Fuß verstauchen / sich den Arm brechen / sich eine Muskelzerrung am Bein holen / sich die Wirbelsäule verletzen / sich das Knie aufschlagen / eine Platzwunde am Kopf haben / eine Wunde am Finger, an der Hand, am Bein haben / ...

Beispiel: *Am Samstag hatte ich Tennistraining. Ich war so dumm und habe mich vorher nicht aufgewärmt. Als ich dann schnell einen Ball erreichen wollte, bin ich umgeknickt und hingefallen. Zum Glück habe ich mir nur den Fuß verstaucht.*

1) ....

....

....

....

2) ....

....

....

....

KÖRPER UND GESUNDHEIT

Wortschatzarbeit

Übung 7 Krankheiten und ihre Symptome
Ordnen Sie die Symptome den Krankheiten zu.

keinen Appetit haben | (hohes) Fieber haben | Atemnot haben | erhöhte Temperatur haben | ~~Husten haben~~ | husten | die Nase läuft | Bauchschmerzen haben | der Bauch tut weh | Halsschmerzen haben | der Hals tut weh | sich erbrechen | jemandem ist schlecht | die Augen tränen und jucken | Ohrenschmerzen haben | die Ohren tun weh | zittern | schläfrig sein | Kopfschmerzen haben | der Kopf tut einem weh | sich schwach fühlen | einen Hautausschlag haben | niesen müssen

1) die Erkältung: *Husten haben* ....

2) der Schnupfen: ....

3) die Magen-Darm-Infektion: ....

4) die Grippe: ....

5) die Mittelohrentzündung: ....

6) die Allergie: ....

Schreiben

Übung 8 Beschreiben Sie Symptome und überlegen Sie, um welche Krankheit es sich handeln könnte.

Beispiel: *In der Nacht habe ich mich ein paar Mal erbrochen. Ich fühle mich schwach und habe auch erhöhte Temperatur. Außerdem habe ich überhaupt keinen Appetit. Das kann doch nur eine Magen-Darm-Infektion sein.*

1) ....

2) ....

3) ....

Übung 9 Der richtige Arzt, die richtige Behandlung

Schreiben Sie mithilfe der Wörter einen Text. Verwenden Sie alle Wörter.

Tipp

Benutzen Sie Verbindungsadverbien
darum, deshalb, deswegen, daher, dann, trotzdem, außerdem, allerdings, sonst, schließlich

Beispiel: ***Ihr Kind hatte heute einen Unfall in der Schule.***
Pause - stürzen - Platzwunde am Kopf - Erste Hilfe in der Schule - Kinderarzt - untersuchen und nähen - keine Kopfschmerzen - nicht ins Krankenhaus oder zum Spezialisten - andere Untersuchungen

Unsere Tochter hatte heute einen Unfall in der Schule. Sie ist in der Pause gestürzt und hatte eine große Platzwunde am Kopf. In der Schule hat man erste Hilfe geleistet und dann sind wir zu unserem Kinderarzt gegangen. Der hat die Wunde gründlich untersucht und schließlich genäht. Zum Glück hatte Antje keine Kopfschmerzen oder andere Symptome. Darum mussten wir nicht zu einem Spezialisten oder sogar ins Krankenhaus, damit sie noch andere Untersuchungen macht.

1) Sie hatten plötzlich hohes Fieber und starke Kopfschmerzen.
Hausarzt - Wartezimmer - andere Patienten - an der Reihe sein - eine Grippe haben - ein Rezept ausstellen - zur Apotheke gehen - die Medikamente holen

....
....
....
....
....

2) Sie haben einen Ausschlag auf Ihrer Haut und sind beunruhigt.
zum Hausarzt gehen - eine Überweisung an einen Hautarzt bekommen - anrufen und nach der Sprechstunde fragen - einen Termin bekommen - untersucht werden - eine Salbe verschreiben - nach einer Woche wiederkommen

....
....
....
....
....

3) Sie haben das Gefühl, dass Sie nicht mehr scharf sehen.

Termin beim Augenarzt vereinbaren - trotzdem lange warten müssen - endlich an der Reihe sein - gründlich untersucht werden - Augentropfen bekommen - noch einmal untersucht werden - die Diagnose erhalten - mit dem Taxi nach Hause fahren müssen - beim Optiker eine schöne Brille auswählen

....

....

....

....

....

4) Sie hatten im Urlaub einen Unfall.

Arm stabilisieren - zum Krankenhaus fahren - die Versichertenkarte und den Reisepass zeigen - Röntgenaufnahmen machen - Handgelenk gebrochen - eingipsen - Anweisungen bekommen - den Urlaub trotzdem genießen

....

....

....

....

....

5) Ein Bekannter von Ihnen ist auf der Straße plötzlich zusammengebrochen.

lebensrettende Sofortmaßnahmen vornehmen - Krankenwagen rufen - ins Krankenhaus fahren - Notaufnahme - Untersuchungen machen - sofort am Herzen operiert werden müssen - nach zwei Wochen wieder entlassen werden - besser gehen

....

....

....

....

....

6) Sie wollen einen Gesundheits-Check-up machen.

Blut abnehmen - Ultraschalluntersuchung der inneren Organe - Blutdruck messen - Belastungstest machen - gesünder leben müssen

....

....

....

....

....

Texte schreiben

TEXT 1

GI / ÖSD B1 Teil 3

► Die Aufgabenstellung

Sie hatten gestern einen Deutschtest in Ihrer Sprachschule. Da Sie sehr krank sind, konnten Sie leider nicht zu dem Test kommen. Schreiben Sie an Ihren Lehrer Herrn Phillip, entschuldigen Sie sich dafür, dass Sie nicht gekommen sind und erklären Sie den Grund hierfür. Fragen Sie auch, ob Sie den Test nachschreiben können.

► Ihre Wörtersammlung

....

....

....

► Ihr Text

TEXT 2

GI / ÖSD B1 Teil 2

► Die Aufgabenstellung

Doctoranytime: Viele Leute rennen sofort zum Arzt, sobald Ihnen irgendetwas weh tut. Ich finde das total übertrieben, denn man kann ja erst einmal ein bisschen warten und oft verschwinden die Symptome ganz von selbst. Und außerdem gibt es gegen viele Krankheiten auch wirksame Hausmittel. Das ist doch viel besser, als gleich Antibiotika zu nehmen.

Schreiben Sie nun Ihre Meinung.

► LÖSUNGSSCHRITTE

1) wichtige Stichwörter: ....

2) Ihr Thema: ....

3) Ihre Wörtersammlung: ....

....

4) Ihre Argumente und Ihre Meinung: ....

....

► Ihr Text

TEXT 3

GI / ÖSD B1 Teil 1

► Die Aufgabenstellung

Sie haben an einem Erste-Hilfe-Kurs teilgenommen und berichten einem Freund / einer Freundin hiervon, die krank war und nicht mitkommen konnte. Schreiben Sie ihm / ihr eine E-Mail.

Gehen Sie auf die folgenden Punkte ein:

1. Erzählen Sie, was Sie bei dem Kurs gelernt haben.
2. Begründen Sie, was Ihnen am besten gefallen hat und
3. schlagen Sie Ihrem Freund / Ihrer Freundin vor, zusammen einen Erste-Hilfe-Kurs zu besuchen.

Lesen Sie genau die Aufgabenstellung und vergessen Sie nicht, auf die folgenden Punkte zu achten:

☐ **Punkt 1:** Der Kurs hat stattgefunden, schreiben Sie deshalb im Perfekt.

☐ **Punkt 2:** Notieren Sie in der Wörtersammlung die passenden Verben im Perfekt und geeignete Konjunktionen.

☐ **Punkt 3:** Schreiben Sie im Präsens. Überlegen Sie sich, warum Sie ein zweites Mal an einem Erste-Hilfe-Kurs teilnehmen würden.

► Ihre Wörtersammlung

Punkt 1 ....

....

Punkt 2 ....

....

Punkt 3 ....

....

► CHECKLISTE

Anrede ☐

Einleitung und Punkte (1) bis (3) ☐ ☐ ☐

Schlusssatz ☐, Gruß ☐ und Name ☐

► Ihr Text

TEXT 4

Telc Zertifikat Deutsch B1

Ihre Freundin Susanne hat Ihnen die folgende E-Mail geschrieben.

Liebe … / Lieber …,
jetzt melde ich mich schon wieder bei dir! Heute habe ich allerdings eine große Bitte. Du weißt doch, dass meine jüngere Schwester ziemlich krank ist. Jetzt soll sie in einem Krankenhaus in deiner Stadt behandelt werden und wir sind alle total glücklich. Natürlich kann sie nicht alleine fahren und ich werde sie begleiten. Darum wollte ich fragen, ob ich ein paar Tage bei dir übernachten kann, bis meine Schwester und ich ein Zimmer im Patientenhaus der Universitätsklinik bekommen. Das wäre total lieb von dir! Antworte mir bitte schnell, ob das geht.

Tausend Dank im Voraus!
Liebe Grüße
deine Susanne

► Die Aufgabenstellung

Schreiben Sie an Ihre Freundin. Schreiben Sie etwas zu den folgenden Punkten:

1 ob Ihre Freundin bei Ihnen übernachten kann

2 wie es der Schwester Ihrer Freundin geht

3 ob Sie die beiden abholen können

4 wie sie am besten zum Krankenhaus kommen

► CHECKLISTE

1) Reihenfolge der Punkte ☐ ☐ ☐ ☐

2) Betreff ☐ und Anrede ☐, Einleitung ☐ und Schluss ☐

3) Ihre Wörtersammlung

Verben: ....

Adjektive: ....

Substantive: ....

Konjunktionen: ....

► Ihr Text

Wortschatzarbeit: Über ein Land erzählen

Übung 1

A Ordnen Sie die Begriffe den Definitionen zu.

das Ausland | **die Diktatur** | **die Freiheit** | ~~**die Gesellschaft**~~ | **der Krieg** | **die Mehrheit** | **der Staat**

Beispiel: die Gesellschaft: *alle Gruppen, Gemeinschaften und Menschen, die zusammen in einer bestimmten Region oder einem Land leben*

1) .... : größerer Teil einer bestimmten Zahl von Menschen

2) .... : wenn man zum Beispiel ohne Zwang entscheiden kann, was man will, oder wenn man sagen und schreiben kann, was man will

3) .... : alle Behörden, die Regierung und andere Institutionen, die das Zusammenleben der Menschen in einem bestimmten Land regeln

4) .... : nicht die Mehrheit entscheidet, was in einem Land passiert, sondern eine einzige Person oder Personengruppe oder eine Partei, die die Menschen nicht frei gewählt haben

5) .... : zwei oder mehr Länder versuchen, ihre Konflikte mit Waffen und dem Militär zu lösen

6) .... : ein anderes Land als das, in dem man groß geworden ist

B Finden Sie zu Begriffen aus **A** die Gegensätze. Ein Begriff bleibt übrig.

1) die Demokratie ≠ ....

2) der Frieden ≠ ....

3) die Heimat ≠ ....

4) das Individuum ≠ die Gesellschaft

5) die Minderheit ≠ ....

6) die Unterdrückung ≠ ....

Übung 2

A Welche Substantive aus Übung 1 passen zu den Verben? Manchmal gibt es mehrere Lösungen. Schreiben Sie Sätze.

~~in Angst leben~~ | friedlich demonstrieren für | sich anpassen | sich frei fühlen | (nicht) kritisieren dürfen | friedlich leben | friedliche Lösungen finden | kämpfen (für / gegen) | protestieren gegen | (keine) Rechte haben | unterdrückt werden | frei wählen | streiken | flüchten vor | gleichberechtigt sein

Beispiel: *in Angst leben – Diktatur, Freiheit*
In einer Diktatur leben die Menschen ständig in Angst, weil es keine Freiheiten gibt.

1) ....

2) ....

3) ....

4) ....

5) ....

6) ....

7) ....

8) ....

B Welche Verben aus **A** passen zu einer Demokratie, welche zu einer Diktatur?

DEMOKRATIE	DIKTATUR
friedliche Lösungen finden	in Angst leben

Übung 3 Gerechtigkeit

A Gerecht oder ungerecht? Entscheiden und begründen Sie mit weil oder denn.

> Beispiel: *Eine schwangere Frau wird bei der Behörde zuerst bedient.* Das finde ich ungerecht, denn erstens habe ich Rückenschmerzen und zweitens habe ich auch nicht den geanzen Tag Zeit. **ODER** Das finde ich gerecht, weil eine Schwangerschaft anstrengend ist und es ja auch schön ist, dass sich jemand für Kinder entscheidet.

1) Meine Eltern kaufen meinem Bruder immer die neuesten Klamotten, aber mir nie. Das finde ich ....

....

2) Alle meine Freunde haben die besten Smartphones, aber meine Eltern sagen, dass ich dafür arbeiten soll. Das finde ich ....

....

3) In dem Unternehmen, in dem ich arbeite, bekommen Frauen für die gleiche Arbeit weniger Geld als ihre männlichen Kollegen. Das finde ich ....

....

4) Meine Frau und ich, wir kümmern uns beide gleich intensiv um den Haushalt und um die Kinder. Das finde ich ....

5) Heute haben Mädchen und Jungen in vielen Ländern der Erde die gleichen Bildungschancen. Das finde ich ....

6) Ausländer haben trotz gleicher oder sogar besserer beruflicher Qualifikation manchmal immer noch Nachteile bei der Arbeitssuche. Das finde ich ....

....

7) Überall parken Autos in der Stadt und man kann sich als Fußgänger nicht ungehindert bewegen. Das finde ich ....

8) Wer in Schule und Ausbildung ehrgeizig und fleißig ist, hat in der Zukunft bessere Chancen auf dem Arbeitsmarkt. Das finde ich ....

....

B Überlegen Sie sich zwei Situationen wie in **A**. Entscheiden und begründen Sie: gerecht oder ungerecht?

1) ....

....

....

2) ....

....

....

Übung 4 Wahlen

Ordnen Sie die Begriffe zu.

passives Wahlrecht | ~~aktives Wahlrecht~~ | Kommunalwahlen | Bundestagswahlen | Bundeskanzler / Bundeskanzlerin | Ministerpräsident / Ministerpräsidentin | Landtagswahlen | Bundestag und Landtag | Europawahlen | Briefwahl

■ Beispiel: *das Recht, einen Kandidaten zu wählen:* aktives Wahlrecht

1) das Recht, selbst gewählt zu werden: ....

2) bei dieser Wahl werden die Abgeordneten eines Bundeslandes für den so genannten Landtag gewählt: ....

3) bei dieser Wahl werden die Stadtverordneten gewählt: ....

4) bei dieser Wahl werden die Abgeordneten des Bundestages gewählt: ....

5) hier werden von den Abgeordneten Gesetze verabschiedet: ....

6) bei dieser Wahl wählt man die Abgeordneten für das Europaparlament: ....

7) so wählt man, wenn man am Wahltag nicht zu Hause ist: ....

8) die Abgeordneten des Bundestages wählen den .... bzw. die .... die Abgeordneten des Landtages den .... bzw. die ....

Schreiben

Übung 5 Gehen Sie zur Wahl?

Schreiben Sie einen kurzen Text.

IDEENPOOL

- sich (nicht) für Politik interessieren
- Politik ist zu kompliziert für mich
- ich kenne die Parteiprogramme nicht
- man tut etwas für die Demokratie
- Politik geht uns alle etwas an
- die Politiker ignorieren die Wähler sowieso
- wer nicht wählt, darf sich später nicht beschweren

► **Ihr Text** *Ich persönlich ...*

POLITIK UND GESELLSCHAFT

Übung 6 Bei der Bank

A Bringen Sie die Sätze in eine sinnvolle Reihenfolge und schreiben Sie den Text neu.

1) Nach der Kontoeröffnung dauert es ein bisschen, bis man Zugang zum Onlinebanking hat.

■ Beispiel: *Ein Girokonto ist in Deutschland nötig.*

2) Online kann man dann alle Kontobewegungen kontrollieren und auch den Kontostand abfragen.

....

....

3) Vom Girokonto kann man auch problemlos an vielen Geldautomaten Geld abheben oder einzahlen.

....

....

4) Wenn du als Austauschstudent oder im Rahmen des ERASMUS-Programms nach Deutschland kommst, musst du unbedingt ein solches Konto eröffnen.

....

....

5) Man kann das Girokonto direkt bei einer Bankfiliale oder online eröffnen und meistens ist es kostenlos.

....

....

6) Mit diesem Konto bezahlt man dann zum Beispiel die Miete, den Strom oder das Internet. Dazu richtet man meistens einen Dauerauftrag ein, damit das Geld automatisch abgebucht wird.

....

....

7) ~~Ein Girokonto ist in Deutschland nötig.~~

....

....

8) Und auch, wenn du in Deutschland arbeitest, überweist der Arbeitgeber auf dieses Konto deinen Lohn.

....

....

B Markieren Sie nun die folgenden Wörter in den Sätzen aus **A**.

~~das Girokonto~~ | ein (Giro)Konto eröffnen | Geld abheben | Geld einzahlen | einen Dauerauftrag einrichten | überweisen | die Kontobewegungen | der Geldautomat | das Onlinebanking | die Bankfiliale | den Kontostand abfragen | Geld abbuchen

C Beschreiben Sie einem Freund oder einer Freundin, warum und wie Sie in Deutschland ein Girokonto eröffnet haben.

....

....

....

....

Wortschatzarbeit und Schreiben

Übung 7 Neu an der Universität

1 ► Das Einwohnermeldeamt A Lesen Sie den Text.

Während der ersten Wochen in Deutschland müssen Sie viel erledigen: Sie müssen *sich* zunächst an Ihrem neuen Wohnsitz beim Einwohnermeldeamt *anmelden*, sie müssen sich an der Universität einschreiben und, wenn Sie es für die Einreise nach Deutschland benötigen, Ihr Visum in eine Aufenthaltserlaubnis umwandeln. Wenn Sie eine Wohnung, ein Zimmer in einem Studentenwohnheim oder in einer Wohngemeinschaft gefunden haben, müssen Sie sich innerhalb einer Woche beim Einwohnermeldeamt anmelden. Für die Anmeldung brauchen Sie Ihren Reisepass oder Ihren Personalausweis. Außerdem sollten Sie auch Ihren Mietvertrag mitnehmen, in dem alle Angaben über Ihren Vermieter stehen. Sie bekommen dann eine Meldebestätigung, von der Sie am besten eine Kopie machen, denn Sie brauchen Sie später an der Universität. Übrigens: Wenn Sie umziehen, müssen Sie Ihren neuen Wohnsitz wieder anmelden.

B Ordnen Sie die unterstrichenen Begriffe zu.

> Beispiel: *man geht zu der zuständigen Behörde und lässt dort seine persönlichen Angaben wie den Namen, die Wohnadresse usw. eintragen:* sich anmelden

1) bei dieser Behörde muss sich jeder anmelden, der in Deutschland lebt, das heißt Deutsche und Ausländer:

....

2) ein Dokument, das bestätigt, dass man sich beim Einwohnermeldeamt angemeldet hat:

....

3) die Vereinbarung zwischen dem Mieter und dem Vermieter:

....

4) dieses Dokument erlaubt einem Ausländer, längere Zeit in einem anderen Land zu leben:

....

5) etwas durchführen oder zu Ende bringen:

....

6) in diesem Dokument gibt es ein Foto und u.a. den Namen sowie das Geburtsdatum seines Inhabers:

....

C Beschreiben Sie Ihrem Freund bzw. Ihrer Freundin, wie und warum Sie Ihren Wohnsitz angemeldet haben. Wo wohnen Sie jetzt? Hatten Sie Schwierigkeiten? Waren die Beamten freundlich zu Ihnen?

....

....

....

....

....

2 ► Die Krankenversicherung **A** Lesen Sie den Text.

Wenn Sie in Deutschland studieren, müssen sie krankenversichert sein. Wenn Sie aus einem EU-Staat kommen, gilt Ihre Krankenversicherung aus Ihrem Land auch in Deutschland. Wenn nicht, dann müssen Sie eine gesetzliche oder private Krankenversicherung abschließen. Der DAAD (Deutscher Akademischer Austauschdienst) und das Studentenwerk an Ihrem Studienort bieten Ihnen verschiedene Pakete an, in denen zum Beispiel ein Platz im Studentenwohnheim, Essen in der Mensa und auch eine Krankenversicherung enthalten sind. Das Studentenwerk gibt es an jeder Universität. Hier können sich Studenten beraten und helfen lassen.

B Beschreiben Sie: Wie haben Sie sich in Deutschland versichert?

....

....

....

....

3 ► Die Einschreibung **A** Lesen Sie den Text.

Wenn Sie sich angemeldet haben und krankenversichert sind, können Sie sich an der Universität einschreiben. Die Einschreibung nennt man auch Immatrikulation. Aber Vorsicht: Sie müssen unbedingt die Einschreibefrist beachten. Für die Einschreibung brauchen Sie meistens die Bestätigung von der Universität, dass Sie dort akzeptiert werden. Dieses Dokument nennt man Zulassungsbescheid. Sie müssen den Semesterbeitrag bezahlen und ein Passfoto, außerdem Ihren Reisepass mit dem Visum und vielleicht noch Originalzeugnisse aus Ihrem Heimatland mitbringen. Am besten, Sie informieren sich vor Ihrer Einreise nach Deutschland bei der Universität, an der Sie studieren wollen.

B Wichtige Wörter: Ordnen Sie die Begriffe den Definitionen zu.

a	sich einschreiben, sich immatrikulieren, die Einschreibung, die Immatrikulation	1	das Dokument, das die Erlaubnis enthält, dass man an der Universität oder Hochschule studieren darf
b	die Frist	2	authentische Dokumente, in denen Noten aus der Schulzeit bzw. dem Studium stehen
c	die Bestätigung	3	sich bei der Hochschule anmelden bzw. registrieren lassen
d	der Zulassungsbescheid, zugelassen werden	4	ein bestimmter Geldbetrag, den jeder Student bezahlen muss und von dem verschiedene Diensteistungen der Universität bezahlt werden
e	der Semesterbeitrag	5	ein Dokument, das feststellt, dass etwas richtig ist
f	die Orignalzeugnisse	6	man muss etwas bis zu einem bestimmten Datum tun

C Beschreiben Sie: Wie, wann und wo haben Sie sich eingeschrieben?

....

....

....

4 ► Die Ausländerbehörde **A** Markieren Sie Begriffe, die Sie wichtig finden.

Studierende aus der Europäischen Union, dem Europäischen Wirtschaftsraum und aus einigen weiteren Ländern können ohne Visum nach Deutschland einreisen. Alle anderen internationalen Studierenden benötigen in der Regel ein Visum, vor allem, wenn sie länger als drei Monate in Deutschland bleiben wollen. Erkundigen Sie sich deshalb nach den Einreisebestimmungen, die für Ihr Land gelten. Wenn Sie in Deutschland angekommen sind, müssen Sie mit Ihrem Visum zu der deutschen Ausländerbehörde gehen, die es in eine Aufenthaltserlaubnis zu Studienzwecken umwandelt.

Für die Aufenthaltserlaubnis benötigen Sie außerdem die Immatrikulationsbescheinigung der Hochschule, die Anmeldung bei der Meldebehörde, eine gültige Krankenversicherung und den Finanzierungsnachweis, das heißt, Sie müssen nachweisen, dass Sie über genug Geld verfügen, um in Deutschland zu studieren.

B Schreiben Sie über Ihre Einreise nach Deutschland. Welche Dokumente haben Sie eventuell benötigt und warum? Zu welcher Behörde sind Sie nach Ihrer Einreise gegangen? Beschreiben Sie vier verschiedene Situationen.

> Beispiel: *Ich werde jetzt für vier Semester in Deutschland studieren. Weil ich aus Argentinien komme, musste ich mir zuerst ein Studentenvisum bei der deutschen Botschaft besorgen. Als ich in Deutschland war, bin ich zur Ausländerbehörde gegangen, um eine Aufenthaltserlaubnis zu bekommen.*

1) ....

....

....

....

2) ....

....

....

....

3) ....

....

....

....

4) ....

....

....

....

Übung 8 Wichtige Behörden und Versicherungen

A Ordnen Sie die Begriffe den Institutionen zu:

Brand | Brief | Urteil | Anwalt | Paket | Staatsanwalt | ~~der Polizeibeamte~~ | Schalter | Richter | Notruf | Löschfahrzeug | Feuerwehrleute | Einschreiben | Einbruch | Taschendieb | Polizeirevier

Die Polizei	Das Gericht	Die Postfiliale	Die Feuerwehr
der Polizeibeamte			

B Erfinden Sie zwei kleine Geschichten. Verwenden Sie möglichst viele der Wörter, die Sie oben zugeordnet haben. Legen Sie zuerst eine Verbsammlung an.

► GESCHICHTE 1

SCHRITT 1: Verbsammlung: ....

....

SCHRITT 2: Ihre Geschichte: ....

....

....

....

► GESCHICHTE 2

SCHRITT 1: Verbsammlung: ....

....

SCHRITT 2: Ihre Geschichte: ....

....

....

....

Texte schreiben

TEXT 1

GI / ÖSD B1 Teil 3

► Die Aufgabenstellung

Sie haben nächste Woche einen Termin beim DAAD (Deutscher Akademischer Austauschdienst). Da Sie an diesem Tag eine Seminararbeit präsentieren müssen, können Sie nicht zu dem Termin kommen. Schreiben Sie der Mitarbeiterin des DAAD, Frau Lenzen, eine E-Mail, entschuldigen Sie sich höflich dafür, dass Sie nicht kommen können, und erklären Sie die Gründe dafür. Bitten Sie auch um einen neuen Termin.

► Ihre Wörtersammlung

....

....

....

► Ihr Text

TEXT 2

GI / ÖSD B1 Teil 2

► Die Aufgabenstellung

Kritiker 25: Jedes Mal, wenn wir Wahlen haben, erinnern sich die Politiker an die Wähler. Wenn wir dann unsere Stimme abgegeben haben, vergessen sie uns wieder. Ich frage mich deshalb, ob es sich überhaupt lohnt zur Wahl zu gehen oder ob man nicht auf andere Weise etwas für unsere Gesellschaft tun kann.

► LÖSUNGSSCHRITTE

1) wichtige Stichwörter: ....

2) Ihr Thema: ....

3) Ihre Wörtersammlung: ....

....

4) Ihre Argumente und Ihre Meinung: ....

....

► Ihr Text

POLITIK UND GESELLSCHAFT

TEXT 3

GI / ÖSD B1 Teil 1

► Die Aufgabenstellung

Sie studieren jetzt an einer Universität in Deutschland und berichten einem Freund / einer Freundin hiervon, der / die selber an einem Studium im Ausland interessiert ist. Schreiben Sie eine E-Mail an ihn / sie.

Gehen Sie auf die folgenden Punkte ein:

1 Erzählen Sie, was Sie tun mussten, um sich an der Universität einzuschreiben.

2 Begründen Sie, warum Sie sich für ein Studium im Ausland entschieden haben und

3 schlagen Sie vor, sich bei Ihrem nächsten Treffen gemeinsam über ein Studium in Deutschland für Ihren Freund / Ihre Freundin zu informieren.

Lesen Sie genau die Aufgabenstellung und vergessen Sie nicht, auf die folgenden Punkte zu achten:

- ☐ **Punkt 1:** Die Einschreibung hat stattgefunden, schreiben Sie deshalb im Perfekt.
- ☐ **Punkt 2:** Notieren Sie in der Wörtersammlung die passenden Verben im Perfekt.
- ☐ **Punkt 3:** Schreiben Sie im Präsens. Überlegen Sie sich, wann und wo Sie sich treffen können.

► Ihre Wörtersammlung

Punkt 1 ....

....

Punkt 2 ....

....

Punkt 3 ....

....

► CHECKLISTE

Anrede ☐

Einleitung und Punkte (1) bis (3) ☐ ☐ ☐

Schlusssatz ☐, Gruß ☐ und Name ☐

► Ihr Text

TEXT 4

Telc Zertifikat Deutsch B1

Ihre Freundin Katrin hat Ihnen die folgende Mail geschrieben.

Liebe … / Lieber …,

wie geht es dir? Mir geht es ausgezeichnet, obwohl die vergangenen Wochen doch sehr anstrengend waren. Mit meiner neuen Arbeitsstelle im Krankenhaus klappt alles ganz hervorragend und auch mit der Sprache habe ich zum Glück keine Probleme. Aber die Bürokratie ist einfach schrecklich. Du kannst dir nicht vorstellen, bei wie vielen Behörden ich war, damit ich hier ganz legal leben und arbeiten und auch die Leistungen des Staates nutzen kann. Aber jetzt ist alles erledigt und ich kann mich voll auf meine neue Arbeitsstelle konzentrieren. Du wolltest doch auch nach einer Arbeit im Ausland suchen, oder nicht? Komm mich doch einfach besuchen, dann kannst du dir alles selbst ansehen. Ich habe genug Platz in meiner Wohnung.

Schreib mir bald!
Liebe Grüße
deine Katrin

► Die Aufgabenstellung

Schreiben Sie an Ihre Freundin eine Mail. Schreiben Sie etwas zu den folgenden Punkten:

1 ob und wann Sie Ihre Freundin besuchen können

2 welche Vorteile eine Arbeit im Ausland für Sie hat

3 welche Nachteile eine Arbeit im Ausland für Sie hat

4 ob Sie noch immer im Ausland arbeiten wollen

► CHECKLISTE

1) Reihenfolge der Punkte ☐ ☐ ☐ ☐

2) Betreff ☐ und Anrede ☐, Einleitung ☐ und Schluss ☐

3) Ihre Wörtersammlung

Verben: ....

Adjektive: ....

Substantive: ....

Konjunktionen: ....

► Ihr Text

NOTIZEN

NOTIZEN